W0310998

Cahiers libres

Ouvrages de Claire Rodier

Xénophobie business. À quoi servent les contrôles migratoires, Éditions La Découverte, 2012.

Immigration, fantasmes et réalités. Pour une alternative à la fermeture des frontières, (avec Emmanuel Terray, dir.), Éditions La Découverte, 2008.

Claire Rodier
avec la participation de Catherine Portevin

Migrants et réfugiés

Réponse aux indécis, aux inquiets et aux réticents

La Découverte
9 *bis*, rue Abel-Hovelacque
75013 Paris

Les revenus nets issus de la vente de cet ouvrage seront versés à l'association Migreurop.

Si vous désirez être tenu régulièrement informé de nos parutions, il vous suffit de vous abonner gratuitement à notre lettre d'information par courriel, à partir de notre site

www.editionsladecouverte.fr

où vous retrouverez l'ensemble de notre catalogue.

ISBN 978-2-7071-8956-1

En application des articles L. 122-10 à L. 122-12 du code de la propriété intellectuelle, toute reproduction à usage collectif par photocopie, intégralement ou partiellement, du présent ouvrage est interdite sans autorisation du Centre français d'exploitation du droit de copie (CFC, 20, rue des Grands-Augustins, 75 006 Paris). Toute autre forme de reproduction, intégrale ou partielle, est également interdite sans autorisation de l'éditeur.

© Éditions La Découverte, Paris, 2016.

Sommaire

Introduction

« La question des migrants pourrait bien être le prochain projet européen où nous verrons si nous sommes capables d'agir ensemble », déclarait Angela Merkel, le 16 août 2015. Quelques jours plus tard, la chancelière allemande décidait d'ouvrir les frontières de l'Allemagne aux centaines de milliers de réfugiés, surtout syriens, qui, depuis le début de l'année, se pressaient toujours plus nombreux aux portes de l'Europe. Des migrants arrivaient librement dans les gares en Allemagne, accueillis et applaudis par des citoyens allemands, sous le regard médusé des médias européens et internationaux.

Que s'est-il donc passé ?

Durant l'année 2015, les événements liés à ce qu'on n'appelait pas encore la « crise migratoire » avaient été spectaculaires dans l'horreur. En avril, 1 500 migrants se noient en Méditerranée, en quelques jours, dans une succession de naufrages de leurs embarcations de fortune non loin des côtes italiennes. Un an et demi plus tôt, en octobre 2013, un événement semblable, qui fit 300 victimes, avait été commenté comme la plus grande catastrophe humaine dans l'histoire des migrations en Méditerranée. On pouvait croire qu'elle avait suscité une réelle prise de conscience chez les chefs d'État et gouvernants des institutions européennes. Mais Eurosur*[1], un dispositif de surveillance mis en place deux mois plus tard et présenté comme capable d'assurer le sauvetage en mer, s'est avéré impuissant à empêcher des naufrages plus meurtriers encore jusqu'en avril 2015. « Ça ne peut plus durer », déclare, en mai 2015, Jean-Claude Juncker, le président de la Commission européenne ; le « ça », cette fois, ne désigne pas les flots de migrants qu'il faut empêcher d'entrer, mais les effets dramatiques de la fermeture de la « forteresse Europe ». Ses annonces, sous la forme d'un « agenda européen en matière de migrations », préfigurent les prises de position d'Angela Merkel quelques mois plus tard. L'urgence n'est plus seulement d'organiser la surveillance et le contrôle, elle est aussi d'élaborer une « politique commune d'accueil des réfugiés », qui ne pèse pas uniquement sur les deux pays méditerranéens du Sud, la Grèce et l'Italie, au bord de l'implosion.

Et puis, il y a cette photo du petit Aylan Kurdi, un enfant syrien de trois ans, mort noyé et échoué sur une plage turque, qui fait le tour du monde en quelques heures le mercredi 2 septembre. L'image devient une icône : pourquoi celle-là, à ce moment-là, bouleverse-t-elle la planète alors que

1 Les termes suivis d'un astérisque renvoient au glossaire en fin d'ouvrage.

de nombreuses autres photos avaient été prises les années précédentes avec d'autres petits Aylan, et, hélas, bien d'autres depuis septembre 2015 ? Le fait est : cette photo dit, elle aussi, que « ça ne peut plus durer ». C'est alors qu'Angela Merkel sidère toute l'Europe par sa décision d'ouvrir les frontières allemandes, son engagement sur l'accueil des réfugiés, sa fermeté à inciter les autres pays membres à faire de même.

L'opinion publique semble soudain convaincue de l'urgence. De nombreuses initiatives, individuelles ou collectives, émergent : hébergement de familles dans des chambres d'amis, collecte de vêtements et d'aide alimentaire, maires se déclarant prêts à prendre en charge dans leur commune des réfugiés, etc. Les « hordes » de migrants sont devenues des individus à part entière, qu'on se doit d'aider.

Depuis, les attentats de Paris en novembre, les agressions durant la nuit du Nouvel An à Cologne, les images des immenses files d'arrivants et cent autres raisons (logiques électorales internes, dissensions européennes, tensions internationales, etc.) semblent avoir refermé toutes les portes et jeté le doute. Opérations militaires de surveillance, dispositifs de tri, conclusion d'accords avec les pays limitrophes de l'Union européenne, notamment la Turquie, pour les inciter à « garder » ou à « reprendre » les migrants que l'Europe ne veut pas accueillir... Tout converge pour que l'éphémère ouverture – des frontières et des esprits – qui s'est dessinée au cours de l'été 2015 se dissipe au profit des logiques de rejet qui caractérisent, depuis de nombreuses années, la politique de l'Union européenne à l'égard des migrants et des réfugiés.

Il n'empêche : c'est de ce moment éphémère – pour nous, moment de vérité – que nous voudrions repartir pour essayer de répondre aux questions qui ont alors fusé, déstabilisant un débat que l'on croyait clos autant que les frontières. Une parole proprement politique, émanant d'un haut responsable, avait été prononcée, qui disait : « On peut et on doit », et soudain, on a pu et on a dû. On a donc eu aussi besoin d'en savoir plus, de comprendre, de croiser les opinions, les lois et les chiffres, de raconter les expériences, de rencontrer des visages, d'aller au-delà de l'émotion – de l'empathie comme de la peur. La porte était étroite et la certitude fragile mais on le sentait : la « question des migrants » était en train de devenir effectivement le cœur du projet politique européen en même temps qu'une forte interrogation citoyenne. Pour y répondre, on ne pouvait se contenter ni des bonnes intentions ni de la traiter comme le « problème des migrants », au même titre que l'immigration est présentée depuis des lustres comme le « problème de l'immigration ».

Nous ne prétendons pas avoir toutes les réponses mais nous avons la conviction que les questions méritent de rester ouvertes.

Claire Rodier et Catherine Portevin, avril 2015

1. Migrants, réfugiés, quelle est la différence ?

« Migrant » n'est pas une catégorie juridique ; le terme désigne simplement les personnes qui, par choix, par nécessité ou par contrainte, quittent leur pays pour aller s'installer dans un autre. Au contraire, « réfugié » est un statut encadré par la Convention de Genève de 1951*, qui définit en outre les obligations légales des États qui l'ont ratifiée (c'est le cas de tous les pays de l'Union européenne). Les systèmes d'asile des pays signataires sont organisés en référence à cette convention. Selon ce texte, toute personne apportant la preuve qu'elle a subi ou craint de subir des persécutions dans son pays peut bénéficier d'une protection de l'État où elle en fait la demande. La Convention de Genève ne parle pas seulement d'asile « politique », son champ est plus large : elle vise à protéger les personnes menacées de persécutions du fait de leurs opinions politiques, mais aussi de leur race, de leur religion, de leur nationalité ou de leur appartenance à un certain groupe social. Marquée par le contexte de son adoption, celui de l'après-guerre, du souvenir de la Shoah, des millions d'apatrides et des migrations les plus massives jamais connues en Europe, elle était initialement conçue pour protéger les victimes d'événements intervenus avant 1951. Mais, en pleine guerre froide, la Convention de Genève fut aussi un instrument idéologique, celui du monde libre ayant pour vocation d'accueillir les persécutés de l'autre bord.

En 1967, un protocole additionnel a élargi aux persécutés de l'ensemble du monde, et non plus de la seule Europe, la possibilité d'être accueillis comme réfugiés. Tous les pays de l'Union européenne (mais pas la Turquie) l'ont ratifié. À partir des années 1970 on a donc vu arriver des vagues de personnes fuyant l'Amérique du Sud et surtout le Sud-Est asiatique. Si l'on n'est plus dans le strict contexte de la guerre froide, la conception du réfugié repose encore sur une vision bipolaire du monde, sur la base de laquelle les États occidentaux s'accordent pour désigner les « bons » et les « méchants ». Dans les années 1980, le profil type du demandeur d'asile a commencé à changer : moins intellectuel, moins « blanc », jeté sur la route de l'exil pour des causes plus complexes que celles de ses prédécesseurs ; surtout, ceux qui demandaient protection étaient de plus en plus nombreux. Comme l'époque était aussi celle d'un coup de frein mis à l'immigration de travail par nombre de pays européens (en 1974, pour la France), le discrédit a été jeté sur nombre de ces migrants, accusés d'être de « faux réfugiés » et de détourner les procédures d'asile à des fins économiques. L'octroi du statut de réfugié est devenu de plus en plus restrictif, avec un taux très important de rejet, aux termes de procédures fondées sur la traque aux supposés fraudeurs plus que sur un objectif de protection et d'accueil.

L'utilisation, aujourd'hui, des termes « migrants » et « réfugiés » s'inscrit dans la continuité de cette logique du soupçon, à laquelle s'ajoute une connotation négative vis-à-vis du « migrant » (sous-entendu « économique ») comme s'il était en soi condamnable de chercher dans un autre pays que le sien des opportunités de vie meilleure – voire de seule subsistance et de survie. D'une certaine façon, l'arrivée de Syriens, depuis 2011, a eu pour effet de raviver, en Europe, la distinction entre les deux catégories : au regard de la proximité et de la visibilité médiatique de la crise syrienne, il est difficile de nier qu'ils « craignent avec raison » des persécutions, comme l'exige la Convention de Genève. C'est, en quelque sorte, le retour de la figure du réfugié sinon héroïque, du moins honorable. Mais, dans le même temps, on a tendance par opposition à considérer tous les autres (les « migrants ») comme n'ayant pas besoin de protection, donc infondés à prétendre s'installer. Or les choses sont éminemment plus complexes.

2. Comment savoir s'ils fuient pour des raisons économiques ou politiques ?

Tant qu'ils ne sont pas arrivés, il n'est pas possible de connaître la raison précise de leur migration : il faut pour cela examiner leur situation, les écouter ; il serait donc plus juste de les appeler tous « migrants », ou tous « réfugiés », en tout cas avec la même dénomination. Par définition, un réfugié ne peut être considéré comme tel que lorsqu'il a pu déposer une demande d'asile, et qu'elle a été acceptée, dans un pays où, par nécessité, il est souvent entré irrégulièrement (la Convention de Genève* prévoit que cette irrégularité ne peut lui être opposée). Mais, pour qu'il puisse présenter sa demande, encore faut-il qu'il ait pu accéder au territoire de ce pays. Les dispositifs de surveillance – comme les patrouilles de l'agence européenne Frontex*, qui dissuadent les embarcations de migrants d'approcher des côtes, ou comme les murs édifiés à certaines frontières – empêchent cet accès au nom de la lutte contre l'immigration irrégulière et vont donc à l'encontre des droits des réfugiés. Les lois européennes obligent les pays à mettre en place des procédures permettant à tous ceux qui réussissent à franchir leurs frontières de voir leur demande d'asile examinée. Ces procédures s'apparentent souvent, surtout dans le cas d'un grand nombre d'arrivées simultanées, à un tri expéditif entre ceux qui sont supposés éligibles à l'asile et les autres, désignés comme « migrants économiques » et donc destinés à être renvoyés. C'est notamment à ce tri que sont destinés les *hotspots** (voir 9) mis en place en 2015 en Grèce et en Italie.

Reste que ce tri pose problème, non pas seulement pour des raisons logistiques ou d'encombrement des services *ad hoc,* mais parce que la distinction entre les migrants selon les motifs qui les ont poussés à partir est loin d'être simple. Les mobilités humaines s'accroissent (et ne feront que s'accroître) parce que les raisons de prendre la route de la migration sont de plus en plus mêlées, les instabilités politiques, économiques, climatiques rendent les déplacements plus fréquents et nécessaires, plus accessibles aussi puisque l'information circule, le monde est connu, les réseaux sociaux fonctionnent, les gens savent de plus en plus où ils veulent aller. La mobilité est, à l'échelle globale, un mode de vie et souvent de survie.

Le Haut Commissariat des Nations unies pour les réfugiés* (UNHCR, ou HCR) utilise depuis longtemps le concept de « flux mixtes » pour caractériser les arrivées d'exilés aux portes de l'Europe. Sur le même bateau peuvent en effet se retrouver des migrants qui fuient une guerre, un régime dictatorial, ou qui partent pour des raisons économiques, l'un n'excluant pas toujours l'autre pour chacun d'entre eux. Le HCR lui-même reconnaît qu'il est de plus en plus difficile de distinguer des critères catégoriques dans cette mixité. On ne peut pas s'en tenir à des présupposés fondés sur la nationalité ou le groupe ethnique d'appartenance. Les migrants qui traversent la Méditerranée viennent à la fois d'Afrique de l'Est, d'Afrique de l'Ouest et du Moyen-Orient, et ils font appel aux mêmes réseaux de passeurs. Refouler un bateau, c'est, en voulant barrer l'entrée aux migrants économiques, risquer de refouler des réfugiés qui auraient largement le droit d'entrer en Europe au titre de l'asile. Sans compter que la crainte des persécutions peut être associée à des raisons économiques : la persécution directe peut ne pas venir d'un État mais, par exemple, de groupes factieux qui jouent de leur suprématie pour spolier des paysans de leurs terres, sans que l'État soit capable de les protéger. Les paysans chassés émigrent vers la ville la plus proche où ils n'auront pas les moyens de subsister, ce qui les amène à tenter leur chance hors du pays. En apparence, ils partent pour des raisons économiques puisqu'ils ont perdu leur gagne-pain mais, si l'on remonte à la source, ils ont été contraints à l'émigration parce qu'ils ont été persécutés dans leur village par tel chef de clan ayant pris le pouvoir. Il y a mille manières de persécuter l'autre dans des conflits politiques, ethniques ou religieux : la persécution économique en est une. Pendant longtemps, on considérait qu'un réfugié ne pouvait venir que d'un État persécuteur. Il a fallu s'adapter à la réalité des conflits complexes de notre époque.

Et que dire des migrants climatiques, qui ne sont persécutés par personne mais qui, de fait, sont chassés de chez eux par des catastrophes irrémédiables ? La question des exilés environnementaux sera celle du XXIe siècle et le HCR réfléchit en ce sens pour remodeler les conditions de l'asile, en prenant en compte d'autres causes de départ que la persécution.

Ceci pour montrer combien la notion de réfugié évolue et comment la Convention de Genève, bien qu'énoncée dans un certain moment historique, a été capable de progressivement s'adapter à des contextes internationaux nouveaux et imprévus au moment de sa rédaction. Après tout, cette capacité d'évolution est ce qu'on est en droit d'attendre des lois et des textes juridiques. Pourtant, les systèmes législatifs européens en matière de gestion de l'immigration et de contrôle des frontières, eux, ne se sont adaptés en rien aux évolutions du monde. Si l'on a pu parler de « crise des réfugiés » à partir de 2015 (voir 7), il faut comprendre que cette crise est aussi celle d'une logique de contrôle qui s'emballe d'autant plus qu'elle est inefficace face à la réalité migratoire de notre époque. C'est peut-être à cela qu'il faut enfin réfléchir.

3. D'où viennent et qui sont les migrants qui arrivent aux portes de l'Europe ?

Les migrations mondiales, qui ont triplé depuis les années 1960 (mais représentent 3 % de la population mondiale) ont profondément changé depuis la seconde partie du XXe siècle. Dans les années 1970, les déplacements se faisaient principalement des pays du tiers monde vers les pays industrialisés. Au XXIe siècle, ils s'effectuent dans toutes les directions : il y aurait autant de monde qui se déplace du Nord vers le Sud que du Sud vers le Nord. Pour casser l'image de l'exode inéluctable des pauvres vers les pays riches, il faut retenir que 60 % des migrations s'effectuent entre pays de même niveau de développement et que les mouvements Sud/Sud représentent la majorité des déplacements. Les travaux récents sur la migration internationale montrent que, avec la facilitation des moyens de transport et de communication, les gens choisissent de plus en plus leur destination ; ils sont informés et savent ce qui les attend. Ils sont, moins souvent qu'on ne le pense, victimes qu'acteurs de leur mobilité, même dans les cas où elle n'est pas choisie – lorsque la seule issue viable pour eux est de quitter leur pays. Ces constats ne concernent toutefois que marginalement la migration forcée, c'est-à-dire celle des personnes poussées à l'exil parce qu'elles fuient des persécutions ou craignent pour leur intégrité physique ou leur vie.

Depuis plusieurs années, la proportion de femmes parmi les migrants, au niveau mondial, est majoritaire (de l'ordre de 52 % en 2013). Cette réalité ne se reflète pas dans les images des vagues migratoires récentes en Europe, car elle est en grande partie due à l'émigration asiatique vers d'autres continents. Les personnes arrivant depuis 2015 aux frontières de l'Europe viennent principalement du Proche et du Moyen-Orient et d'Afghanistan et sont plus souvent des hommes seuls, à l'exception des Syriens, qui constituent l'essentiel de la migration actuelle, et qui ont souvent été obligés de partir en famille. En Grèce et en Italie, devant les *hotspots** se trouvent beaucoup de femmes avec de jeunes enfants. Mais en France, en particulier dans les camps de Calais et de Grande-Synthe, dans le nord, les femmes sont accueillies dans des bâtiments à part dans lesquels aucun visiteur n'est admis, et sont donc « invisibles ». Un autre phénomène croissant est celui de la présence de mineurs isolés, surtout des garçons. Un comptage effectué, au début de l'année 2016, par des associations présentes auprès des migrants rassemblés dans la « jungle* » de Calais a révélé qu'ils représentaient de l'ordre de 10 % d'entre eux.

Les migrants qui arrivent en 2016 aux portes de l'Europe relèvent majoritairement de la catégorie des migrations forcées : les principaux pays de départ sont la Syrie (30,9 %), l'Afghanistan (13,8 %), l'Érythrée (8,5 %), le Kosovo (8,5 %), le Nigéria (4 %) et la Somalie (3 %).

4. Ces migrants sont-ils essentiellement des personnes pauvres à la recherche d'un « eldorado » ?

Les Européens ont découvert, avec l'arrivée des réfugiés syriens, que des médecins, des ingénieurs, des avocats, pouvaient arriver clandestinement comme les « autres » sur des canots pneumatiques avec des sacs en plastique pour seul bagage. L'impact de la crise migratoire de 2015 s'est joué aussi là-dessus : certains grands médias, qui jusque-là traitaient cette actualité en termes de « masse » et de « déferlement », avec des images de grappes humaines accrochées à des bateaux, ont commencé à s'intéresser aux individus, les ont interviewés ; on s'est alors aperçu qu'ils s'exprimaient bien, qu'ils maniaient couramment l'anglais, qu'ils avaient, comme tout le monde, des projets pour eux et leurs enfants. Le traumatisme planétaire provoqué par la photographie, diffusée à la une des médias, du corps d'un petit garçon syrien sur une plage turque, à la fin du mois d'août 2015, s'explique partiellement par la proximité à laquelle renvoyait cette image : rien ne distinguait cet enfant des « nôtres ». Cette « révélation » a aussi été l'occasion de prendre conscience que la migration forcée, outre qu'elle est dangereuse, est une migration coûteuse, le voyage étant devenu très cher à cause des obstacles mis au franchissement des frontières, qui obligent ceux à qui les voies légales sont interdites de faire appel aux passeurs. Il faut donc, pour migrer, un capital financier, mais aussi, ce qui va souvent ensemble, un capital culturel, social et intellectuel, des réseaux, des relations, la connaissance des langues étrangères, etc. Dans le cas des Syriens, c'est donc plutôt la bourgeoisie et la classe moyenne qui entreprennent le voyage et arrivent en Europe. Un schéma qui va à l'encontre de la perception commune qu'on a souvent de l'immigration, soit héritée de l'image des travailleurs que la France allait chercher pendant les Trente Glorieuses pour fournir des bras à l'industrie, soit liée à celle, qui fait osciller entre la compassion et la peur, de hordes de pauvres hères prêts à tout pour fuir la misère.

« Nous n'avons pas encore réalisé à quel point ces nouveaux migrants nous ressemblent », commentait la politologue Catherine Wihtol de Wenden à la fin de l'année 2015. Il est possible que la visibilité et le caractère médiatique de l'exode syrien contribuent à faire prendre conscience que les mouvements migratoires évoluent au rythme de la mondialisation qui, de plus en plus, rapproche des mondes apparemment différents.

S. Pourquoi cet afflux soudain ? Aurait-on pu le prévoir ?

Il y a, en effet, un afflux exceptionnel : le Haut Commissariat des Nations unies pour les réfugiés* (HCR) a enregistré, en 2015, le plus grand nombre de personnes victimes de migration forcée dans le monde depuis les cinquante dernières années : près de 53 millions, toutes catégories confondues (réfugiés « enregistrés », demandeurs d'asile, personnes déplacées dans leur propre pays ou apatrides). Il est dû essentiellement à l'exacerbation des conflits au Proche et au Moyen-Orient : la guerre en Irak, et surtout en Syrie, qui concerne un tiers des réfugiés dans le monde. En 2015, 4 millions de Syriens ont franchi leur frontière et 7 millions sont déplacés à l'intérieur du pays.

Mais cet afflux n'est pas massif en Europe proportionnellement à la migration mondiale : le bloc constitué par les grands pays occidentaux industrialisés (États-Unis, Union européenne, Canada, Australie) ne comptait, en 2014, que 15 % des 19,5 millions de réfugiés enregistrés comme tels sur la planète contre 25 % en Afrique subsaharienne. Le total des réfugiés installés dans les 28 pays membres de l'Union européenne est équivalent au nombre de personnes que le Pakistan accueille sur son sol à lui tout seul... Ces proportions sont restées à peu près constantes depuis le début de la seconde décennie mais elles représentent des réalités numériques sensiblement plus élevées, puisque, selon le HCR, le volume global de réfugiés ne cesse d'augmenter. Du point de vue quantitatif, l'impression de masse n'est pas un fantasme.

Par ailleurs, cet afflux, s'il a paru « soudain », était parfaitement prévisible. Depuis le début des années 1980, l'Europe n'était concernée par la question des réfugiés que « de loin ». Les « printemps arabes », à partir de 2011, ont commencé à la rapprocher : les réfugiés se trouvaient juste de l'autre côté de la Méditerranée. Or le système d'asile et d'immigration de l'Union européenne n'est pas adapté à une crise de réfugiés arrivant à ses portes. Quelles que soient les justifications données à cette inadaptation – l'Europe est un espace compliqué, elle est vieillissante, en crise économique, ses capacités d'accueil sont limitées, etc. –, la raison principale est que les pays européens n'y ont jamais réfléchi en considérant les caractéristiques nouvelles du phénomène migratoire. Ils sont restés bloqués sur un schéma conçu au milieu des années 1990 avec des soucis économiques liés à la mise en œuvre d'une monnaie et d'un marché communs, une immigration gérée sous l'angle principal d'une pression sur l'emploi national et le souci de mettre à distance les personnes en besoin de protection, volontiers étiquetées comme des « faux réfugiés » (voir 1). Pendant des années, la plupart des États européens, à l'exception des pays scandinaves traditionnellement plus accueillants, se sont contentés de soutenir financièrement l'action du HCR* dans le cadre des appels des Nations unies pour l'installation et la gestion de camps de réfugiés dans divers endroits du monde. Ils répondaient ainsi – avec plus ou moins de bonne volonté – à leurs obligations de solidarité avec les pays en crise et les personnes déplacées de force. Dans le même temps, ils s'employaient à sous-traiter à leurs proches voisins – l'Ukraine, les pays du Maghreb ou d'Afrique de l'Ouest –, au nom d'un inéquitable « partage du fardeau », la gestion des demandeurs d'asile et de migrants qu'ils ne voulaient pas voir s'approcher de leurs frontières.

Et, tout à coup, ceux qu'on avait tenté de maintenir à distance arrivent aux frontières européennes. Mais le « vieux continent » n'a en rien changé de méthode. Entre 2011 et 2014, l'Union européenne n'a fait que regarder passivement la Turquie et le Liban accueillir des Syriens jusqu'à l'étouffement (au Liban, 1 million de réfugiés syriens pour 4 millions d'habitants), et sa politique a consisté à s'assurer que les personnes qui pouvaient légalement prétendre à une protection restent en dehors de l'Europe. C'est ce verrou-là qui a sauté à partir de 2011 ; les réfugiés ont commencé à arriver par la Méditerranée, de plus en plus nombreux à mesure que la guerre en

Syrie s'intensifiait, produisant une pression insoutenable directement sur les pays du sud de l'Europe, censés rester étanches à l'immigration : la Grèce et l'Italie, au premier rang, Chypre dans une moindre mesure, tout comme Malte quelques années auparavant. C'est ce système qui n'a plus fonctionné, qui a provoqué un goulot d'étrangement et conduit à la « crise migratoire » de 2015. Alors que le HCR avertissait l'Europe depuis plusieurs années de la gravité de la crise syrienne et des déséquilibres dangereux que provoquait la présence de centaines de milliers de Syriens en Turquie, qui les accueille mal, et au Liban, qui ne les reconnaît pas comme réfugiés, le président Hollande reconnaissait en septembre 2015 que l'Union européenne avait mis beaucoup de temps à réaliser les conséquences du conflit syrien en termes de déplacements forcés et d'afflux à ses frontières. Beaucoup de temps, en effet ! Sans cet aveuglement collectif à voir venir un phénomène prévisible, inéluctable, de surcroît non réversible et certainement durable, l'arrivée des migrants en Europe aurait peut-être posé des problèmes mais n'aurait pas pris ce tour dramatique si elle avait été anticipée. Loin de tirer les leçons de cet aveuglement, les gouvernements de l'Union européenne se sont empressés de recourir, comme solutions à la « crise », aux mêmes recettes que celles qui l'ont provoquée : le renforcement des contrôles aux frontières extérieures, avec notamment la mise en place de *hotspots** et la sous-traitance, en échange de contreparties financières ou diplomatiques, de la gestion des réfugiés à leurs voisins. En témoigne l'accord conclu en mars 2016 avec la Turquie, non seulement pour qu'elle retienne les migrants sur son sol, mais aussi pour qu'elle accepte, moyennant le versement de six milliards d'euros, qu'on lui renvoie ceux qui arrivent en Grèce, au mépris des principes posés par la Convention de Genève* sur les réfugiés.

6. Combien de migrants sont entrés dans l'Union européenne en 2015 ?

Plusieurs sources font état de plus d'un million d'entrées irrégulières de migrants pour l'année 2015. Cependant, ces chiffres doivent être interprétés avec prudence, d'abord parce que, par définition, le comptage de la migration irrégulière, contrairement à celui des entrées dûment enregistrées, est aléatoire. Ensuite, l'Union européenne ne dispose pas d'instruments de mesure qui permettent d'appréhender la réalité migratoire dans sa totalité. Il faut recouper ceux qui sont fournis par l'Organisation internationale pour les migrations* (OIM), par Eurostat*, par les rapports nationaux – qui ne sont pas toujours établis sur la base des mêmes méthodes de recensement –, par le Haut Commissariat des Nations unies pour les réfugiés* (HCR), par le bureau européen d'asile*, ou encore par l'agence européenne Frontex*, chargée de la surveillance des frontières extérieures, et ils ne coïncident pas toujours. Enfin, il faut tenir compte des modes de calcul : ainsi, Frontex compte le nombre de franchissements irréguliers de frontières et non le nombre de personnes ayant franchi irrégulièrement une frontière ; or un même individu peut être amené, au cours de son parcours, à entrer et sortir plusieurs fois d'un État membre de l'Union européenne, et par conséquent être comptabilisé plusieurs fois. S'agissant des recensements nationaux, il n'est pas interdit de penser qu'ils sont parfois soit sous-estimés, soit, au contraire, gonflés, selon la capacité des États à mobiliser les moyens nécessaires au comptage, ou l'intérêt de certains pays à communiquer des chiffres surévalués pour dramatiser la pression.

Ces précautions posées, le nombre de personnes entrées dans l'UE au cours de l'année 2015 traduit indéniablement une augmentation notable par rapport aux années précédentes. Ceci ne doit toutefois pas surprendre : selon le HCR, 84 % d'entre elles proviennent des dix principaux pays sources de réfugiés dans le monde ; l'agence onusienne ajoute qu'une personne sur deux ayant traversé la Méditerranée en 2015 (soit 500 000 personnes) est un Syrien fuyant la guerre dans son pays. Ces pourcentages apprennent deux choses : d'une part, que la très grande majorité des « migrants » désignés comme ayant franchi irrégulièrement la frontière de l'Union européenne ont vocation à être accueillis comme « réfugiés » au sens de la Convention de Genève* (voir 1), et à ce titre ne devraient pas se voir reprocher l'irrégularité de leur entrée sur le territoire d'un État membre ; d'autre part, que cette irrégularité est due à l'impossibilité à laquelle ils ont été confrontés de venir légalement en Europe. Quel candidat au voyage, s'il obtenait les visas nécessaires pour se rendre dans un pays européen, prendrait le risque de se noyer en Méditerranée en payant son voyage dix fois plus cher que s'il empruntait une ligne régulière d'avion ou de bateau ? L'autre réalité révélée par les chiffres alarmants de l'année 2015 est donc, tout autant que l'« invasion » dont ils donnent l'impression, le cruel défaut de voies légales offertes par les États membres de l'Union européenne – il s'agit, en l'occurrence, de visas d'entrée – aux migrants en général et aux potentiels demandeurs d'asile en particulier. Enfin, au nombre de migrants entrés en Europe en 2015, il faudrait ajouter les quelque 4 000 personnes décédées (pour la plupart par noyade en Méditerranée) recensées, parmi lesquelles un nombre croissant de jeunes enfants.

Rappelons aussi, que même si ces arrivées – qui n'apparaissent comme massives que parce qu'elles sont concomitantes et artificiellement concentrées aux mêmes endroits – se poursuivaient, ce qui est probable, elles seraient parfaitement gérables. Comme le rappelle le démographe François Héran, accueillir un million d'exilés, pour l'Union européenne qui compte 510 millions d'habitants, c'est croître de 1/500e.

7. Quelles mesures a pris l'Union européenne face à la « crise migratoire » de 2015 ?

Après deux terribles naufrages survenus en Méditerranée, en avril 2015, provoquant la mort de près de 1 500 personnes, la Commission européenne a proposé un « agenda européen en matière de migration » pour faire face à ce qui a été qualifié de « crise migratoire ». Il repose sur trois volets principaux : un mécanisme de répartition de l'accueil des réfugiés et des demandeurs d'asile arrivés en Grèce et en Italie entre les autres États membres de l'Union européenne – ce qu'on a appelé les « quotas* », puis la « relocalisation* » (voir 8) – ; l'organisation, pour le mettre en œuvre, du tri entre migrants et potentiels réfugiés aux frontières maritimes de ces deux pays dans des *hotspots** (voir 10) ; la pression diplomatique et financière sur les pays d'origine ou de transit des migrants, notamment en Afrique orientale, et les pays tampons (comme la Turquie, le Liban, la Jordanie) pour qu'ils les retiennent plutôt que de les laisser partir pour l'Europe. Donc : accueil, contrôle et mise à distance.

En réalité, le contrôle et la mise à distance existaient déjà et constituent même la clef de voûte de la politique européenne en matière de gestion de l'immigration. Depuis 2004, le *contrôle des frontières* s'appuie notamment sur l'agence européenne Frontex*, chargée de la coordination des dispositifs nationaux de surveillance des frontières et qui, à ce titre, organise notamment des opérations d'interception maritime pour dissuader les exilés de traverser la Méditerranée. La *mise à distance* s'effectue à travers l'externalisation des contrôles migratoires, qui consiste à sous-traiter à des pays non européens une partie de la gestion des migrants et des réfugiés que l'Union européenne ne veut pas voir arriver sur son sol – sans toujours trop se soucier de la façon dont ils sont traités dans ces pays – sous la forme d'accords négociés moyennant des contreparties financières ou la facilitation de la délivrance de visas pour les ressortissants. Ces deux premiers volets du plan de la Commission européenne ont surtout consisté en un renforcement des moyens logistiques et financiers qui y étaient jusqu'alors consacrés.

En revanche, l'*accueil* des exilés ne fait pas partie des pratiques habituelles de l'Union européenne. Il existe bien, depuis 2001, un dispositif qui peut être déclenché pour offrir une « protection temporaire en cas d'afflux massif de personnes déplacées » aux frontières de l'Europe. Mais il n'a jamais servi et son existence n'a même pas été évoquée en 2015, bien qu'on soit manifestement dans une situation d'« afflux massif » de réfugiés. À la place, un mécanisme *ad hoc* de répartition des demandeurs d'asile a été proposé, sous l'impulsion de Jean-Claude Juncker, le président de la Commission européenne, à partir de mai 2015, puis relancé par les déclarations d'Angela Merkel, la chancelière allemande, au mois d'août suivant. Il vise à soulager les pays les plus concernés par l'arrivée de demandeurs d'asile en Europe, l'Italie et la Grèce.

Cette situation s'explique par une réglementation européenne popularisée sous le nom de « Dublin III* », qui désigne comme « responsable » d'une demande d'asile le pays par lequel le requérant a pénétré en premier dans l'Union européenne, quel que soit le pays dans lequel il la dépose. C'est pourquoi, du fait de leur position géographique, les pays qui forment la frontière extérieure à l'est et au sud de l'Union européenne subissent mécaniquement la plus grande partie de la charge que représente l'accueil des demandeurs d'asile en Europe.

C'est pour corriger cette injustice – et consciente qu'il fallait « faire quelque chose » pour essayer de mettre un frein à la situation chaotique dans laquelle se trouvaient l'Italie et surtout la Grèce du fait des arrivées quotidiennes de centaines de *boat people* sur ses côtes – que la Commission européenne a lancé l'idée d'une répartition solidaire de cette charge, sur la base de quotas* fixés pour chaque État membre (voir 8).

8. Combien de réfugiés les pays européens ont-ils accepté d'accueillir et sur quels critères ?

En mai 2015, Jean-Claude Juncker, le président de la Commission européenne, a proposé de répartir de façon contraignante dans les autres États membres de l'Union européenne (voir 7) une partie de ceux des demandeurs d'asile arrivés en Italie et en Grèce qu'on peut considérer comme « éligibles à une protection », c'est-à-dire promis à obtenir le statut de réfugié (en pratique, ceci concerne les ressortissants érythréens, syriens, parfois soudanais et irakiens). Cette proposition a donné lieu à un pitoyable spectacle, fait de dérobades et de marchandages, la plupart des gouvernements de l'Union européenne invoquant qui ses problèmes économiques, qui le nombre d'étrangers déjà présents sur son territoire, qui les réticences de son opinion publique pour contester les quotas qui lui étaient attribués. Ce n'est finalement que sur le nombre dérisoire de 60 000 réfugiés et demandeurs d'asile qu'ils ont pu se mettre d'accord au terme de deux mois d'âpres négociations, quand la Turquie en comptait déjà 2 millions et qu'il en arrivait plusieurs milliers chaque jour sur les côtes méridionales de l'Europe...

La déclaration de la chancelière allemande Angela Merkel, au mois d'août 2015, annonçant que l'Allemagne accueillerait un million de réfugiés sur deux ans, devait relancer les discussions, avec une nouvelle proposition fondée sur des clefs de répartition prenant en compte le nombre d'habitants du pays d'accueil, le produit intérieur brut, le taux de chômage et le nombre de demandes d'asile reçues dans le pays, une équation censée répondre à une logique équitable. Sur cette base, et après qu'a été abandonnée la référence à des « quotas* obligatoires », a été validé en septembre le principe d'une « relocalisation* », par les États membres volontaires, sur deux ans, de 160 000 demandeurs d'asile. Même augmenté, ce chiffre, qui représentait à peine le quart du nombre de migrants déjà présents au même moment en Grèce, reste ridiculement bas. Mais, surtout, le mécanisme de relocalisation arraché de haute lutte par la Commission européenne s'est révélé un échec total, pour plusieurs raisons :

– d'une part, la mauvaise volonté manifestée par certains pays européens à donner une traduction concrète à une décision à laquelle ils n'avaient souvent adhéré qu'à contrecœur, voire la remise en cause de cette adhésion, comme dans le cas du gouvernement polonais, auquel les attentats de Paris du 13 novembre 2011 ont donné un prétexte pour revenir sur l'engagement pris deux mois plus tôt d'accueillir 7 000 réfugiés ;

– d'autre part, la modification des routes empruntées par les migrants, selon les obstacles rencontrés (barrières, fermetures de frontières, etc.), qui entraîne une pression supplémentaire dans certains pays, et a amené ces derniers à demander une suspension du mécanisme de relocalisation. C'est le cas de la Suède et de l'Autriche ;

– ensuite, les difficultés de mise en œuvre concrète du dispositif, qui suppose une sélection des « bons » demandeurs d'asile relocalisables parmi les « migrants » arrivés dans les *hotspots** d'Italie et de Grèce (voir 10) ;

– enfin, l'absence de prise en compte, parmi les critères de la relocalisation, des aspirations des personnes susceptibles d'en bénéficier. Le caractère autoritaire des transferts et le fichage qu'il suppose ont eu pour effet, notamment en Italie, de provoquer des mouvements de protestation de demandeurs d'asile qui ne voulaient pas se voir imposer un pays de destination qu'ils n'avaient pas choisi et où ils n'avaient aucune attache (voir 9).

Au mois de février 2016, seules 218 personnes avaient été relocalisées depuis la Grèce et 279 depuis l'Italie, soit moins de 500 personnes sur les 160 000 à accueillir et les centaines de milliers déjà présentes et qui continuaient à rejoindre les côtes de ces deux pays.

9. Les migrants peuvent-ils choisir le pays européen où ils veulent aller ?

S'agissant des personnes qui ont quelques chances d'être accueillies comme réfugiées en Europe, la réponse est non, et c'est une partie du problème. Le dispositif de relocalisation* dans d'autres États européens des demandeurs d'asile arrivés par la mer en Italie et en Grèce est conçu sur la base de leur acceptation par les pays d'accueil et non pas en fonction du projet des réfugiés eux-mêmes. Une fois identifiés comme éligibles à l'asile, ils sont transférés, selon les places négociées, en Allemagne, au Portugal, en France ou en Hongrie sans qu'on les consulte. Certains, d'ailleurs, résistent au système, comme ces Érythréens qui, au centre de Lampedusa, en Italie, ont refusé de se faire enregistrer pour ne pas être envoyés autoritairement dans un pays où ils n'avaient aucune attache ou référence. Cette réaction peut choquer certains, tentés de penser que ces personnes devraient être déjà « bien contentes » qu'on s'occupe d'elles, et qu'elles n'ont pas, en plus, à donner leur avis. C'est faire un mauvais calcul.

Dans le même esprit, est-il vrai que les Syriens – ou d'autres migrants – ne veulent pas venir en France ? Oui, parce qu'ils sont peu à être déjà installés en France, seulement quelques communautés chrétiennes d'immigration ancienne, qui ont d'ailleurs œuvré pour faire venir au compte-gouttes quelques coreligionnaires en tant que réfugiés. Les expatriés syriens se trouvent plutôt en Allemagne, dans les pays scandinaves et au Royaume-Uni. À ceci, s'ajoute le fait que la France, « patrie des Droits de l'homme », « terre d'asile », l'est de moins en moins : ainsi, les Érythréens, jusqu'à 2015, ne s'y voyaient que très rarement reconnaître le statut de réfugié alors qu'ils avaient presque 100 % de chances de l'obtenir en Suède ou en Allemagne. Les conditions d'accueil des demandeurs d'asile sont par ailleurs médiocres : places d'hébergement insuffisantes, longs délais de procédure, interdiction de travailler pendant un an… Les images circulent vite et on peut penser qu'un exilé qui cherche à quitter la situation chaotique qu'il a trouvée à son arrivée dans une île grecque ne sera pas attiré par un pays où des groupes de réfugiés sont laissés pendant des mois à la rue sous un pont ferroviaire ou en bordure d'une artère à grande circulation, ou pourchassés par la police lorsqu'ils occupent l'espace public de façon trop visible. En général, les personnes en migration sont bien informées, et très rapidement, sur tout ce qui concerne leur survie, aussi bien sur les lieux à éviter, les pièges administratifs, les changements de politiques, etc.

Gérer la migration intelligemment au sein de l'Europe n'est pas qu'une affaire comptable ou de statistiques démographiques. Si les nouveaux migrants visent plus volontiers tel pays plutôt que tel autre, c'est parce qu'ils vont vers un lieu où ils ont déjà quelques repères. Les vingt-huit pays de l'Union européenne n'ont pas la même histoire migratoire. Certains ont une longue tradition d'immigration, liée à une histoire coloniale, depuis les années 1960 au moins, et souvent plus, comme la France, l'Angleterre, l'Allemagne, la Belgique ; d'autres sont des pays d'immigration plus récente, comme l'Espagne, l'Italie, le Portugal ; enfin, la plupart des pays de l'Est n'ont pas ou très peu d'immigrés. Il n'est donc pas étonnant que ceux qui arrivent en recherchant une protection soient attirés par les pays où se trouvent déjà des communautés anciennes de migrants, parfois devenus nationaux, dont ils parlent la langue. Ces disparités entre les pays créent certes des difficultés mais elles ne se régleront pas en imaginant que l'on peut autoritairement envoyer un Érythréen en Roumanie alors qu'il veut rejoindre la Suède. Pourquoi la Suède ? Sans histoire coloniale, ce pays est caractérisé par une tradition ancienne d'accueil des réfugiés, dans le cadre de programmes de réinstallation organisés en partenariat avec le Haut Commissariat des Nations unies pour les réfugiés* (HCR). Il a su, par une politique d'intégration active, insérer des communautés qui constituent aujourd'hui des facteurs d'attraction pour les ressortissants de certains pays.

Toutes ces histoires, traditions, relations, devraient être considérées aussi comme des chances de meilleure intégration et non pas comme des obstacles statistiques.

Malheureusement, d'une manière générale, les politiques des pays industrialisés en matière d'asile ne tiennent pas compte de la volonté des migrants, de leurs attaches déjà nouées ou de leurs projets. Ce défaut, qui pourrait n'être qu'un défaut de bienveillance, est en réalité un écueil politique, responsable pour partie de l'inefficacité des dispositifs mis en place. Assigner autoritairement à résidence un nouvel arrivant, c'est, d'une part, fabriquer une situation précaire (puisque celui-ci préférera souvent se remettre en situation irrégulière pour poursuivre son voyage vers sa destination, et tout le processus sera à recommencer) et, d'autre part, préférer ignorer la réalité du monde à venir. L'occupation de l'espace mondial est tout autant déterminée par le contrôle des frontières que par la volonté des gens de se déplacer. Aujourd'hui, alors que les crises nationales et internationales produisent tant de mobilité, il serait urgent de trouver un équilibre raisonnable entre ces deux volontés : celle de la souveraineté des États qui décident de qui pénètre ou non sur leur territoire, mais aussi la volonté de celui qui se déplace.

10. Qu'est-ce qu'un *hotspot* ?

Les *hotspots** sont un des éléments du plan proposé par la Commission européenne en mai 2015 pour faire face à la « crise migratoire ». Ils sont associés à un autre élément de ce plan, la « relocalisation » (appelée un temps la « répartition par quotas », voir 7) de demandeurs d'asile arrivés en Grèce et en Italie. Pour compenser l'effort demandé aux États membres d'accepter l'accueil de personnes désignées comme ayant besoin de protection (donc potentiels réfugiés), il s'agissait de prendre des mesures pour éviter que les autres, désignées comme migrants économiques, ne restent sur le territoire européen. L'« approche *hotspot* » est un dispositif destiné à faire cette sélection, comme une gare de triage installée à l'arrivée des migrants par la mer – puisqu'il ne concerne que l'Italie et la Grèce.

Comment savoir si quelqu'un est éligible à obtenir une protection en application de la Convention de Genève* ou s'il est un migrant irrégulier parce qu'il n'a pas de visa ? En procédant à son identification et en lui posant des questions sur son parcours. C'est ce à quoi s'emploient des fonctionnaires (de Frontex*, du Bureau européen d'asile*) présents dans les *hotspots*. Après l'identification et l'enregistrement de leurs données biométriques, les personnes sont « triées » : soit placées en procédure de transfert pour être relocalisées dans un autre État, soit admises comme demandeuses d'asile en Grèce ou en Italie, soit soumises à une procédure d'expulsion pour entrée irrégulière.

Avant 2015, cet enregistrement et ce tri étaient déjà censés être assurés par les autorités italiennes et grecques, assistées par des agents de Frontex, l'agence européenne de surveillance des frontières. Mais ils fonctionnaient mal : nombre de *boat people* arrivent la plupart du temps dans des îles dépourvues d'infrastructures pour faire face à cette tâche, dans un contexte où l'urgence est partout (mettre à l'abri, soigner les personnes malades ou très affaiblies après une traversée difficile) ; mais aussi parce que les autorités pouvaient avoir intérêt à ne pas systématiquement enregistrer les arrivants afin d'éviter d'avoir, par la suite, à prendre en charge leur demande d'asile au cas où ceux-ci auraient continué leur route vers d'autres pays européens, du fait du règlement européen Dublin III* (voir 7).

L'instauration des *hotspots* est officiellement présentée comme une réponse solidaire des autres États membres avec la Grèce et l'Italie, sur lesquelles l'Europe s'est déchargée durant de nombreuses d'années ; mais c'est aussi, pour l'Union européenne, une façon de reprendre la main sur ces opérations de contrôle aux frontières maritimes, masquant mal ses soupçons sur le laxisme ou l'incompétence des polices locales, volontiers suspectées de « laisser partir » les migrants vers d'autres pays. De nombreux agents de Frontex* ont été déployés dans les *hotspots* en appui aux fonctionnaires locaux et participent activement à ces opérations, au stade de l'identification comme à celui de l'éloignement des personnes qui ne sont pas éligibles à l'asile.

Dans son principe, le système peut sembler rationnel : accueillir les arrivants, les identifier, sélectionner les « réfugiés » parmi eux, renvoyer les autres désignés comme « migrants irréguliers ». Mais il se heurte d'une part à des difficultés d'organisation matérielle et parfois de concurrence entre les autorités locales et les représentants des agences européennes, d'autre part à la réalité quantitative : comment effectuer la sélection dans des conditions qui garantissent les droits de chacun lorsque plus de mille personnes peuvent arriver en même temps ? Au moment de la mise en place du dispositif, les migrants déjà présents en Grèce étaient déjà quatre fois plus nombreux que les 160 000 qui, officiellement, doivent être identifiés d'ici à 2017 comme éligibles au statut de réfugié et « relocalisés » dans les différents pays européens, par le biais d'un processus qui semble en panne puisque à peine quelques centaines en avaient bénéficié début 2016 (voir 8) ! Dans un tel contexte, on voit mal comment le système *hotspot* pourrait fonctionner correctement et dans le respect des droits des personnes, sauf à tarir définitivement la source des arrivées – mais il s'agirait alors d'une remise en cause majeure du droit d'asile prévu par la Convention de Genève*. Il est vrai que c'est sur cette voie que l'Union européenne s'est engagée début 2016, en concluant au mois de mars un accord avec la Turquie permettant de renvoyer dans ce pays tous les demandeurs d'asile qui débarquent dans les îles grecques.

11. Que se passe-t-il à Calais et à Grande-Synthe ? Ces camps de réfugiés ne sont-ils pas « mieux que rien » comme solution d'attente ?

Peut-être, mais justement, comme dans *Le Désert des Tartares* (roman de Dino Buzzati), c'est une situation d'attente vaine, qui peut durer éternellement car ce qu'on attend au fond – que les migrants « disparaissent » – n'arrivera pas. D'une certaine façon, ces camps sont le symbole du dysfonctionnement de toute la politique européenne en matière d'immigration et d'asile.

Reprenons l'histoire de ces camps du Calaisis. Pourquoi cette région est-elle, depuis le milieu des années 1990, confrontée à la question des migrants ? Parce que Calais est l'une des portes extérieures de Schengen* (voir 12), espace auquel n'appartient pas l'Angleterre. Cette frontière ne peut donc pas se franchir sans contrôle (contrairement à, par exemple, la frontière italo-française). Par ailleurs, le Royaume-Uni, en tant que membre de l'Union européenne, applique le règlement Dublin III* qui lui permet de renvoyer tout demandeur d'asile vers son pays d'entrée en Europe. Autrement dit, d'un côté, n'étant pas dans l'Europe de Schengen, il conserve la souveraineté sur sa frontière, de l'autre, étant dans l'Union européenne, il peut tout de même faire jouer les règles de solidarité européennes pour la gestion des migrants. Ajoutons une troisième disposition juridique à ces deux premières : un accord bilatéral franco-britannique, signé au Touquet en 2003 (complété en 2007), autorise l'Angleterre à se servir de la France comme zone tampon, donc à externaliser sa frontière sur le territoire français, surveillée conjointement, et où peuvent être renvoyés les migrants ayant tout de même franchi la Manche, sans que la France ne puisse les refuser. La France se retrouve donc, par rapport à son voisin d'outre-Manche, dans la même situation que le Maroc par rapport à l'Espagne avec les enclaves de Ceuta et Melilla. Sauf qu'il s'agit ici d'empêcher les gens de sortir de l'espace Schengen tandis qu'au Sud, il s'agit de les empêcher d'entrer. Le ministre de l'Économie et des Finances français, Emmanuel Macron, a prévenu l'Angleterre, en mars 2016, contre sa sortie possible[1] de l'Union européenne : « Le jour où cette relation sera rompue, les migrants ne seront plus à Calais. » Autrement dit, la France ne les empêchera plus de partir vers l'Angleterre. Il oublie que l'accord du Touquet est bilatéral (signé entre la France et le Royaume-Uni) et ne dépend

1 La sortie du Royaume-Uni de l'Union européenne (« Brexit ») devait donner lieu à un référendum britannique le 23 juin 2016.

pas de l'Union européenne. Quoi qu'il en soit, le problème est insoluble tant qu'on ne remet pas en cause ces textes juridiques et leur coexistence.

Ce sont eux qui expliquent la nasse dans laquelle les migrants viennent se prendre. Mais s'ils continuent à s'y presser, c'est que, malgré tous les murs, contrôles renforcés, militarisation de la frontière, chasses aux passeurs, quelques-uns, chaque jour, parviennent à franchir la Manche, en prenant des risques de plus en plus considérables et en payant de plus en plus cher. Ils ne continueraient pas d'affluer dans le Calaisis si d'autres ne réussissaient pas régulièrement à passer.

Les migrants sont présents dans cette région depuis 1997. Ils étaient à l'époque majoritairement kosovars et vivaient dans des campements de fortune dans les jardins publics de Calais. En 1999, l'ouverture, par les autorités, du camp de Sangatte a été une première tentative de faire disparaître ces gens de la ville. Depuis, le gouvernement français et les élus locaux ont essayé mille méthodes pour, soit les éloigner des regards et les rendre invisibles en les forçant à se regrouper dans des lieux excentrés, soit les disperser sur le territoire français (mais ils finissent toujours par revenir à Calais), ou encore les arrêter. Cette dernière solution n'est, pour la plupart d'entre eux, qu'une entrave momentanée car, s'ils sont notoirement en situation irrégulière aux yeux de la loi, ils relèvent aussi de l'application de la Convention de Genève sur les réfugiés* et, à ce titre, ne peuvent être expulsés vers leur pays d'origine.

En 2015, la population migrante a augmenté de façon spectaculaire dans la « jungle* » de Calais, en passant de 2 000 à 6 000 personnes en six mois à partir du printemps (à Sangatte, le nombre a pu atteindre 3 500 personnes à une certaine époque). En mai 2015, le gouvernement, incité par les élus locaux, notamment la maire (LR) de Calais, a détruit les foyers et petites « jungles » autoregroupées par nationalités en obligeant tous les migrants à s'installer en un seul lieu, vaste terrain vague à 7 km de la ville, inaccessible à pied, et qui est vite devenu le plus grand bidonville de France, bidonville légal, organisé et imposé par l'État. L'étape suivante a eu lieu au mois de mars 2016, avec son évacuation, pour, une fois de plus, dissuader et « invisibiliser » les personnes. Les solutions alternatives proposées à ses occupants – la dispersion dans des centres d'accueil situés dans divers lieux en France ou l'hébergement dans des containers qui ne s'apparentent que de très loin à un logement, tout au plus peut-on parler de mise à l'abri – n'ont en effet aucun caractère pérenne.

Entre-temps, le gouvernement français a tenté d'inciter les migrants à demander l'asile en France – une première, alors que jusque-là, tout était fait pour les en dissuader. Opération souvent infructueuse, toujours pour les mêmes raisons : les migrants savent que s'ils déposent une demande d'asile en France, ils risquent de se faire « dubliner », c'est-à-dire renvoyer dans le premier pays par lequel ils sont entrés en Europe ; ils savent aussi que les conditions d'accueil en France sont très mauvaises.

On s'installe donc dans cette situation insoluble. D'où la décision de l'ONG Médecins Sans Frontières, qui a pourtant toujours estimé que sa mission humanitaire n'était pas d'intervenir dans les pays développés, d'ouvrir près de Dunkerque, à Grande-Synthe, un véritable camp de réfugiés, aux normes sanitaires et logistiques du HCR même si celui-ci a refusé de le parrainer, de même que le gouvernement se contente de le « tolérer ». La France, sixième puissance mondiale, aura donc le triste privilège d'utiliser pour la première fois, pour abriter des gens surnuméraires, les moyens réservés aux pays en crise grave ou en voie de développement. Bien sûr, les laisser vivre dans la boue, comme c'était le cas à Calais, n'était pas davantage acceptable. Mais ces camps signent tout de même l'aveu de l'échec de la politique européenne depuis des années face aux flux migratoires. Des milliers de morts en Méditerranée, des containers, un camp de réfugiés : est-ce là tout ce que peut l'Europe ? Aménager et pérenniser une crise que l'on ne veut pas chercher à résoudre autrement que par des pastilles humanitaires ? On peut considérer Calais et Grande-Synthe comme des solutions d'urgence, qui évitent le pire (dégradation des conditions sanitaires, maladies, morts, exacerbation de la violence, chez les migrants et contre eux...). Mais le pire, c'est que ces « solutions » sont sans avenir : quand décidera-t-on que l'on peut s'en passer ? Quand la crise sera-t-elle résolue ? Qu'attend-on ? Même pas que les conflits au Moyen-Orient se calment pour que ces gens puissent rentrer chez eux, encore moins que leur situation soit régularisée, surtout pas que ce camp devienne pour eux un lieu d'installation de fait. On n'attend rien, juste qu'il n'y ait plus de migrants. La description du projet de Grande-Synthe planifie une réduction progressive du camp : détruire les tentes au fur et à mesure du départ des migrants. Mais où peuvent-ils partir si on ne les autorise pas à aller là où ils veulent ? Une fois les tentes détruites, que fait-on des nouveaux migrants qui continueront à arriver ? L'objectif d'une disparition « miraculeuse » des migrants étant totalement irréaliste, la France s'est mise dans une situation sans issue.

12. Qu'est-ce que l'espace Schengen ? À quoi sert-il ? Faut-il le supprimer ?

L'espace Schengen* est né en 1995 pour fluidifier la circulation entre les pays alors signataires de la Convention de Schengen. Il rassemble, en 2016, la plupart des États membres de l'Union européenne, à l'exception du Royaume-Uni et de l'Irlande, auxquels s'ajoutent l'Islande, la Suisse, la Norvège, le Liechtenstein et les micro-États du Vatican, de Monaco et de Saint-Marin. Dès les années 1980, les États européens se sont aperçus que, pour faciliter la mobilité économique des biens, des capitaux et des marchandises – un des objectifs du « Marché commun » –, la libre circulation des personnes était un corollaire indispensable. Schengen répond à cet objectif, en créant un espace commun à l'intérieur duquel les contrôles aux frontières intérieures des États signataires sont supprimés. Cette liberté de *circulation* n'est conçue que pour les citoyens européens et les personnes non européennes dûment autorisées (par un visa ou un titre de séjour), et elle ne permet pas à ces dernières de *s'installer* dans un autre pays que celui où elles détiennent un droit au séjour.

La contrepartie en est le verrouillage des frontières extérieures de cet espace soumis à la pression migratoire, c'est-à-dire celles des pays qui forment la limite, au sud et à l'est, de l'Union européenne[1] ; d'où la construction de ce qu'on a appelé la « forteresse Europe » : blindée à l'extérieur, fluide à l'intérieur.

Le problème qui fragilise le système Schengen est l'obligation qu'ont, en principe, tous les États membres de l'Union européenne de respecter le droit d'asile. Ceux qui en forment la frontière extérieure sont donc théoriquement tenus d'examiner individuellement la situation de toute personne, y compris dépourvue de documents et de visa, qui a pénétré sur leur territoire et qui demande l'asile. Sur le papier, tout va bien. Cet examen doit permettre de faire le tri entre les « bons » réfugiés, qui seront autorisés à rester, et les « mauvais » migrants, dits « économiques », qui seront renvoyés. Mais, face à la réalité des flux migratoires depuis le début des années 2000 (dus pour l'essentiel aux guerres menées par ou avec l'appui des puissances occidentales aux Proche- et Moyen-Orient), le système ne fonctionne plus. Lorsque 6 000 personnes débarquent en une seule journée sur une petite île grecque, suivies de 5 000 le lendemain, cet examen individuel est impossible.

1 Les plus concernés sont les États baltes, la Pologne, la Slovaquie, la Hongrie, la Roumanie, la Bulgarie, la Grèce, Chypre, Malte et l'Italie.

Plutôt que de réfléchir à d'autres manières de considérer les mobilités mondiales et de s'y adapter sans se laisser déborder, l'Union européenne s'est enferrée sur deux positions : l'hermétisme des frontières extérieures et la distinction entre réfugiés et migrants économiques. Dans la pratique, ces principes se sont traduits par une pression énorme sur les pays de la frontière externe de l'espace européen, particulièrement au sud et à l'est, rendus responsables d'un tri impossible à mener à bien.

Lorsque certains remettent en cause le système Schengen, c'est le plus souvent en reprochant à l'Italie et surtout à la Grèce (déjà considérée comme un poids mort économique de l'Union européenne) leur inefficacité. Ce qui justifie, à leurs yeux, la reprise des souverainetés nationales sur les frontières – possibilité temporaire prévue en cas de crise avérée par les accords de Schengen. D'où l'érection de murs et de barrières intermédiaires décidée début 2016 par la Hongrie, l'Autriche (et peut-être par la suite par d'autres pays membres), faisant exploser le fondement même de Schengen... L'alternative semble alors la suivante : renoncer à l'espace Schengen, chaque pays se chargeant de surveiller ses frontières et de respecter ou non le droit d'asile, option incompatible avec le projet économique européen ; ou bien accepter de considérer le phénomène migratoire dans son ensemble comme global, inéluctable et non réversible et repenser les règles de l'accueil et de l'ouverture de voies légales à l'immigration.

13. Existe-t-il une véritable politique européenne en matière d'immigration ? Quelle est-elle ?

Cela dépend comment on entend la question car, soyons clairs et ce qui précède l'aura déjà en partie montré : il y a bel et bien une politique européenne en matière d'immigration et d'asile, en place et appliquée depuis les années 2000, fondée sur la surveillance des frontières extérieures et leur fermeture à l'immigration irrégulière, le respect de principe du droit d'asile selon la Convention de Genève*, la solidarité des pays membres en matière de financement de cette surveillance et d'accueil des réfugiés. Tout ceci sans remettre en cause le pouvoir souverain de chaque État de fixer sa propre politique en matière d'immigration économique et ses propres modalités d'accueil des demandeurs d'asile. Il est donc assez étonnant d'entendre parfois les responsables politiques eux-mêmes déplorer l'absence de politique commune. Que veulent-ils dire ? Que cette politique n'est pas assez bien appliquée ou que c'est une mauvaise politique, inadaptée et inefficace ?

Le plus souvent, on incrimine le jeu de la « patate chaude » auquel se livrent les États membres de l'Union européenne, les pays les plus « envahis » de migrants se sentant victimes du laxisme des autres. Il est vrai, dans le contexte de crise des réfugiés, voire de crise humanitaire qui caractérise la situation au Proche- et au Moyen-Orient depuis quelques années, que c'est une politique inéquitable à l'encontre des pays des frontières extérieures – notamment du fait du règlement européen Dublin III*. On parle d'harmoniser les règles, de répartition solidaire, de coordination des moyens, mais tout ceci est censé être déjà à l'œuvre, et cette politique est manifestement inefficace (puisque les migrants continuent d'entrer) et ne fabrique que du chaos, donc de la peur, ce dont se nourrissent aisément les discours de fermeture les plus radicaux. Reste alors à se demander si le socle essentiel de la politique migratoire européenne, celui de la lutte contre l'immigration irrégulière, dans laquelle, par le biais de l'agence Frontex*, l'Union européenne investit une très grande part de son budget consacré à l'immigration et à l'asile, est encore tenable.

Cette politique, qui consiste à bloquer les migrants avant leur entrée en Europe en s'appuyant sur une distinction artificielle entre migrants et réfugiés (voir 1), comme en témoigne l'accord conclu en mars 2016 avec la Turquie dans le but de lui renvoyer tous les migrants qui arrivent en Grèce, y compris ceux qui demandent protection, revient à refuser massivement le droit d'asile à ceux pour lesquels il a été conçu. La question, finalement, n'est-elle pas plutôt : voulons-nous d'une politique européenne commune qui s'accorde sur la fin, de fait, du droit d'asile ?

14. Quelles sont les règles européennes d'accueil des réfugiés et des demandeurs d'asile ?

Selon la Convention de Genève*, le réfugié doit se voir accorder le statut le plus favorable réservé aux résidents étrangers dans le pays qui lui donne asile et carte de séjour. Selon les règles européennes, les réfugiés ont le droit de travailler, ne reçoivent pas d'allocation, peuvent circuler dans l'espace Schengen mais sont attachés pour le reste au pays qui leur a accordé le droit de séjour : ils ne peuvent pas choisir de s'installer ailleurs en Europe.

En France, les réfugiés reçoivent une carte de séjour d'une durée de dix ans, leur ouvrant la perspective d'un droit au séjour permanent. Ils n'ont, sauf dans la première phase de leur intégration, ni plus ni moins droit au logement social et aux allocations et aides sociales que n'importe quel citoyen. Ils sont considérés comme des immigrés, ayant vocation à résider durablement.

Les règles d'accueil des *réfugiés* (ayant obtenu le droit d'asile) sont donc claires, même si elles ne sont pas toujours respectées dans l'ensemble des pays européens. En revanche, elles le sont beaucoup moins pour les *demandeurs d'asile* (statut intermédiaire en attente d'une réponse), qui relèvent de règles plus variables selon les législations en vigueur dans les pays d'accueil. En France, les demandeurs d'asile n'ont pas le droit de travailler durant la première année qui suit le dépôt de leur demande en Préfecture, et bénéficient en 2016 d'une allocation de 11,45 € par jour (soit 343 € par mois) ce qui ne leur permet pas de survivre, du moins dans les grandes villes, d'autant qu'ils n'ont pas automatiquement droit à un hébergement. Les centres d'accueil pour demandeurs d'asile (CADA), créés dans les années 1990, devaient les abriter tous, mais ils ont été sous-dimensionnés et sont donc réservés aux populations les plus vulnérables (les femmes, les mineurs isolés et les familles avec jeunes enfants) ainsi, parfois, qu'à quelques nationalités ciblées. Les autres n'ont plus comme recours que des réseaux familiaux, des associations, des squats et autres campements et, souvent, sont à la rue. La France est connue parmi les migrants pour être l'un des pays qui traitent le plus mal les demandeurs d'asile, ce qui explique le nombre relativement faible de demandes qui y sont déposées – même si celles-ci ont connu une hausse en 2015, après plusieurs années où elles se situaient à un niveau très bas par rapport aux autres pays européens. Elles avaient même diminué en 2014, période correspondant pourtant à une explosion de celles déposées ailleurs en Europe. On a coutume de dire que c'est l'appel de l'Angleterre qui attire les migrants à Calais ; c'est vrai pour certains d'entre eux. Mais on constate que lorsque les autorités françaises s'impliquent de façon active dans l'identification des personnes susceptibles de recevoir le statut de réfugié (elles le font depuis le mois de mai 2015, dans l'objectif de faire baisser la pression dans cette région), celles-ci sont plus inclines à renoncer au projet britannique.

La loi française sur l'asile a été modifiée en 2015 pour réduire la durée d'instruction de la demande d'asile, désormais encadrée par des délais stricts alors qu'elle pouvait auparavant prendre plusieurs mois, parfois un an. Mais, depuis son entrée en vigueur, c'est avant le dépôt de la demande que les délais s'allongent : les personnes sont entravées en amont des guichets, où elles sont soumises à de longues files d'attente et doivent revenir plusieurs fois avant de pouvoir se faire enregistrer. Le dispositif reste très dissuasif.

15. Est-il vrai que les Syriens sont mieux accueillis que les autres ?

Tout système qui fonctionne mal favorise l'arbitraire. Il est très difficile de déterminer les critères qui président à l'acceptation ou au refus des demandes d'asile. Officiellement, certaines nationalités sont reconnues comme davantage en besoin de protection que d'autres ; mais, de fait, elles le sont toutes, actuellement, compte tenu des provenances des migrants (Syrie, mais aussi Érythrée, Soudan, Irak...). Cela ne se traduit pas pour autant par un octroi systématique du statut de réfugié. Au contraire, selon des aléas mystérieux et qui varient d'un guichet à l'autre, d'un moment plus ou moins encombré à l'autre, l'acceptation des demandes est considérée par les migrants eux-mêmes comme une loterie. Un jour, l'un obtient l'asile qu'on a refusé à son copain la veille. La règle est celle de l'inégalité de traitement... Mais d'un individu à l'autre. Cet arbitraire est évidemment très anxiogène pour les migrants. L'exil des Syriens ayant été le plus massif, le plus commenté et ayant suscité le plus d'empathie dans l'opinion en 2015, ceux-ci sont soupçonnés de recueillir un traitement de faveur, au détriment des autres migrants ou même des citoyens français qui, par exemple, attendent depuis des années un logement social. Dans la réalité, il est vrai que, sans qu'il existe de directive nette, les Syriens ont plus facilement obtenu des places d'accueil dans les centres d'hébergement et qu'ils ont obtenu à 97 % le statut de réfugié en 2015. Mais sur un total de 73 000 demandes d'asile enregistrées par l'OFPRA* au cours de la même année, seules 3 500 émanent de ressortissants syriens.

16. Quel est le coût de la surveillance des frontières européennes ?

La lutte contre l'immigration clandestine a été évaluée par un consortium de journalistes de dix pays qui se consacre à la comptabilisation des données relatives à l'immigration. Il en estime la charge à 13 milliards d'euros[1] depuis le début des années 2000, dont une très grosse proportion, de l'ordre de 80 %, est consacrée à l'expulsion des migrants ; ce chiffre comprend les expulsions elles-mêmes mais aussi tout le processus en amont : les frais d'interpellation, de détention, de procédure judiciaire (ces expulsions sont juridiquement encadrées dans les pays européens), d'escorte policière, etc. Les 20 % restants correspondent à la surveillance elle-même, dont le financement de l'agence Frontex*, qui est passé d'un budget de 6 millions en 2004 à 150 à 160 millions en 2015. Ce budget couvre essentiellement le fonctionnement de l'infrastructure de l'agence, avec environ 350 fonctionnaires fixes appointés. Les frais de déploiement

1 www.themigrantsfiles.com/

logistique, technique et douanier pour la surveillance des frontières (les heures d'hélicoptère, le fuel des bateaux, les gardes-frontières, etc.) font l'objet d'un financement supplémentaire direct par les États membres qui participent à ces opérations, Frontex ayant seulement pour charge de les coordonner. Les États financent donc sur leurs budgets respectifs toute l'industrie de la sécurité et de la surveillance : développement des équipements de technologie de pointe pour l'identification biométrique, dactyloscopique (les empreintes digitales), la surveillance satellitaire et par drones, etc. Cette industrie en grande expansion est issue d'un recyclage de l'industrie militaire pour les usages civils de la sécurité et de la surveillance.

Pour décrire la totalité de la rente consacrée à la lutte contre l'immigration, il faudrait y inclure les montants en jeu dans le cadre de l'externalisation de la surveillance de ses frontières, c'est-à-dire la sous-traitance à des pays non européens d'une partie de la gestion de l'immigration irrégulière, voire des réfugiés. L'accord conclu début 2016 par l'Union européenne avec la Turquie, non seulement pour lui faire prendre en charge, moyennant plusieurs milliards d'euros, les migrants qui sont déjà arrivés sur son sol (plus de 2 millions de Syriens depuis 2011), mais aussi pour lui renvoyer toute personne arrivant en Grèce, relève de cette externalisation. Dans ce cadre, il faudrait également considérer comme « dépenses antimigratoires » une partie des aides au développement que, depuis les années 1980, les

États européens allouent à certains pays d'émigration dont ils attendent en retour qu'ils retiennent leurs migrants (voir 22). Dans le même temps, la somme que les migrants ont dépensée eux-mêmes pour franchir illégalement les frontières (pour une bonne part, l'argent donné aux passeurs) a été évaluée à un peu plus de 15 milliards.

Évidemment, il est tentant de mettre ces deux chiffres en balance – 15 milliards pour parvenir à entrer, 13 milliards au minimum pour empêcher d'entrer –, et de se demander ce que l'on pourrait faire de mieux avec cet argent si nous étions dans une logique d'intégration plutôt que de rejet. N'en tirons pas de conclusions mécaniques, mais remarquons simplement que cela représente tout de même des budgets colossaux dépensés pour des objectifs qui ne sont pas réalisés, et qu'ils croissent en miroir l'un de l'autre. Sans compter le coût humain de la surveillance des frontières : près de 30 000 personnes sont mortes en migration depuis la fin des années 1990. On constate d'ailleurs que ce sont les mêmes qui investissent dans la lutte contre l'immigration irrégulière et qui déplorent l'augmentation de la pression migratoire. Cet investissement semble donc, sinon inutile (indépendamment du profit idéologique qu'en tirent certains dirigeants), du moins inefficace au regard des objectifs annoncés, sans même évoquer la dimension humaine.

17. Les murs ne sont-ils pas, au moins dans l'urgence, un moyen efficace de stopper les arrivées ?

Non, presque partout, le bilan paraît le même : comme pour les autres formes de « barrières migratoires » (comme, par exemple, le système des visas destiné à filtrer et canaliser l'immigration légale, ou les interceptions maritimes qui empêchent les embarcations de *boat people* de poursuivre leur route), ils ne font que déplacer et ralentir les trajectoires, mais sans faire baisser la pression globale. Les migrants passent tout de même : ils font des détours, dépensent plus d'argent auprès des passeurs pour des routes toujours plus dangereuses, mais ils passent. Aux États-Unis, un rapport de l'Inspection générale du département de la sécurité intérieure (*Department of Homeland Security*) montre, en 2014, qu'après huit ans d'utilisation, les drones extrêmement coûteux qui surveillent le mur édifié à la frontière mexicaine n'ont quasiment pas fait progresser la lutte contre l'immigration irrégulière – l'augmentation du nombre d'interpellations qui pourrait leur être imputée se situerait entre 0,7 %

et 1,8 %. Sans se prononcer sur l'opportunité ou non du mur, mais pour des raisons de rationalité budgétaire, ce rapport invite par conséquent l'administration américaine à interrompre les programmes lancés par Barack Obama pour développer le système de surveillance par drones au motif simple que ceux-ci ne sont pas efficaces.

Les murs et leurs équivalents, pour une large part, viennent à l'appui de stratégies de « coups de menton » qui portent un double message. Le premier s'adresse aux populations locales qui sont envahies, ou se sentent envahies, ou à qui l'on dit qu'elles sont menacées, pour leur montrer que l'on fait quelque chose pour les protéger de trop de désordre. L'autre message s'adresse évidemment aux candidats à la migration à qui l'on signifie que leur place est bien derrière la frontière. S'ils ont une efficacité, c'est à très court terme et de façon très localisée, pour assurer un peu de paix sociale. Ce fut le cas, par exemple, de la Grèce, quand elle a construit un mur à sa frontière turque, ou de la France, quand, à plusieurs reprises, ont été murés des passages et des accès au port de Calais.

Il est vrai, cependant, que les barrières de barbelés autour des enclaves espagnoles de Ceuta et Melilla au Maroc et le blindage sous-marin du détroit de Gibraltar, renforcés à partir de 2005, ont permis aux flux migratoires de se tarir. Avant cette date, c'était la principale voie de passage afro-européenne. Mais les années qui ont suivi ont également correspondu à une lourde période de crise économique en

Espagne, qui rendait le pays moins attractif à l'immigration. Ce passage était donc doublement dissuasif, mais on peut penser que le deuxième motif a pesé au moins aussi lourd que le premier. Et la consolidation des « grillages » de Ceuta et Melilla a aussi eu pour effet de détourner les routes migratoires, d'abord par la voie canarienne (Afrique de l'Ouest – îles Canaries), puis par le désert, jusqu'à la Libye et la Méditerranée, avec des dangers et des souffrances supplémentaires – comme la mise en esclavage, la détention, les tortures, les viols – endurés par les migrants. Cette route marocaine n'a pour autant jamais été totalement hermétique, mais ce sont des personnes plus riches qui parviennent à passer : plus d'obstacles, donc des passeurs plus chers, des réseaux de complicité plus sophistiqués, etc. Actuellement, compte tenu des naufrages dramatiques en Méditerranée, il semblerait que cette route par les enclaves espagnoles au Maroc ou par les ferrys qui traversent le détroit soit à nouveau fréquentée par les migrants syriens les plus aisés.

Enfin, redisons-le, le renforcement des frontières a un coût non négligeable, pour un résultat non satisfaisant, tant sur le plan de l'arrêt des migrations que sur celui du respect de la dignité humaine. À partir de combien de milliards d'euros va-t-on se demander s'il n'est pas temps d'utiliser cet argent autrement ?

18. La France et l'Europe ont-elles la capacité à accueillir cet afflux de migrants, compte tenu de la crise économique ? Cela ne va-t-il pas nuire à « nos » pauvres ?

Il est difficile de répondre à cette question avec la certitude de certains experts, mais on peut livrer quelques données et réflexions de bon sens. Le réflexe qui consiste à penser l'économie, le marché de l'emploi, les niveaux de vie, les prestations sociales comme un gros gâteau dont les parts individuelles diminuent mécaniquement si on se le partage à dix plutôt qu'à cinq semble logiquement imparable. Et, depuis toujours, la tentation est forte de voir l'étranger comme l'importun qui vient « manger le pain des Français » ou « prendre nos emplois » ou « grever nos budgets d'allocations », etc. Toutefois, la croissance économique ne « marche » pas comme cela. D'abord, parce que les immigrés sont aussi des contributeurs aux budgets sociaux. Ensuite, parce que, comme plusieurs études menées sur l'impact de l'immigration sur la croissance d'un pays, dans des situations historiques et économiques et dans des régions du monde diverses, tendent à le démontrer, l'immigration serait plutôt un facteur de croissance sur le long terme. Une étude citée par l'économiste et spécialiste du marché du travail André Zylberberg montre que l'arrivée, dans les années 1980, de 125 000 Cubains à Miami n'a que très ponctuellement (pendant moins d'un an) affecté le taux de chômage de cette ville ; en France, des chercheurs ont analysé les conséquences sur l'emploi de l'arrivée, après les accords d'Évian de 1962, de plus de 500 000 rapatriés d'Algérie, pour conclure que les départements en ayant accueilli un grand nombre ont très rapidement retrouvé des taux de chômage et des niveaux de salaire comparables à ceux des autres. On peut objecter que ces exemples se situent dans des contextes de croissance, ce qui n'est pas le cas aujourd'hui en Europe ; mais on peut aussi retenir ce que conclut André Zylberberg des nombreux travaux qui ont été menés sur l'impact de l'immigration sur l'emploi : ce n'est pas l'immigration qui crée le chômage, mais un fonctionnement inadapté du marché du travail qui affecte les travailleurs, qu'ils soient nationaux ou immigrés.

Par ailleurs, les migrants viennent chercher une vie « normale », c'est-à-dire travailler, consommer, fonder une famille, payer des impôts, étudier, etc. Ce faisant, ils participent à la croissance et à la vie du pays où ils s'installent. Dans certains pays, comme en Italie, ils ont redonné vie à des villages déserts et abandonnés par les jeunes, permettant à des commerces et à des écoles de rouvrir, et recréant une activité et une richesse – dans tous les sens du terme – pour les habitants. C'est aussi la preuve, s'il en faut une, qu'ils peuvent « s'intégrer ».

Rappelons aussi la principale cause de mobilité économique – c'est valable aussi pour les mobilités internes des habitants des pays développés : les gens se déplacent vers les régions qui offrent des opportunités d'emploi, donc de vie autonome. Investir toutes ses économies dans un voyage dangereux pour venir percevoir des allocations sociales en France n'est un objectif que pour une proportion très marginale des migrants !

Enfin, raisonner en termes de concurrence des misères, n'est-ce pas entériner le système de plus en plus inégalitaire de répartition des richesses, en France comme à l'échelle mondiale ? Bien sûr, les personnes pauvres qui attendent depuis des années un logement social et voient arriver dans leur ville soixante Syriens à qui l'on trouve immédiatement un hébergement ont de quoi se sentir lésées. Mais peut-être faut-il se demander pourquoi la sixième puissance mondiale n'a pas les moyens d'investir dans le logement social et considère comme normal et inéluctable que les gens dorment dans la rue.

Nous sommes, en tout cas, dans un contexte qui devrait obliger à raisonner à long terme, puisque nous savons que les flux migratoires vont s'inscrire dans la durée. Mieux vaut par conséquent en anticiper l'impact plutôt que de le subir frontalement.

Si l'on raisonne à l'échelle européenne, rappelons qu'accueillir un million d'exilés parmi une population totale de 510 millions d'habitants, représente une croissance de population très faible (1/500e) et facilement intégrable (voir 6). Mais si la moitié de ce million est bloquée en Grèce, alors cela peut faire s'effondrer ce qui reste de l'économie grecque. C'est pourquoi la décision unilatérale de l'Union européenne d'isoler la Grèce en fermant sa frontière avec les autres pays (Macédoine, Bulgarie) est très grave, non seulement pour le principe de libre circulation des personnes dans l'espace européen, mais pour l'existence même de l'Union européenne.

La crise des migrants révèle très concrètement, même par des effets réactifs de repli, que la libre circulation des biens est indissociable de la libre circulation des hommes. Rétablir des contrôles douaniers sur ces derniers, c'est les rétablir sur les premiers et c'est la mort de la fluidité des échanges qui fonde l'Union européenne. Il est d'ailleurs remarquable que se rejoignent, parmi les opposants à la fermeture de l'espace Schengen, les militants de la cause des migrants, les milieux financiers et les dirigeants des entreprises du CAC 40. Certes, on peut tout à fait décider de défaire l'Union européenne – et les pressions britanniques font peser une incertitude forte à ce sujet. Mais il faudra en tirer les conséquences néfastes au niveau économique. Donc, à la question : les migrants pèsent-ils ou non sur l'économie ?, on peut répondre qu'ils pèseront d'autant plus si l'on crée des concentrations artificielles, comme c'est le cas, depuis plusieurs années, en Grèce. Et l'on dira que l'Europe s'est écroulée sous le poids des migrants…

19. Est-ce que cette immigration ne va pas favoriser la montée de l'extrême droite en Europe et en France en particulier ?

La montée de l'extrême droite, et de la xénophobie en général, est surtout favorisée par des discours et des politiques, y compris sociales et économiques, qui favorisent les inégalités et font de l'immigration la cause de ces maux. Les migrants sont ainsi désignés comme les coupables et l'on renforce ce sentiment en les traitant effectivement, par des législations répressives, comme des criminels, des contrevenants à la loi, des dangers pour la paix sociale, voire pour la prospérité du pays.

Depuis des années, on justifie ces politiques à l'encontre de l'immigration, quels que soient les partis, par la nécessité de « ne pas faire le jeu de l'extrême droite ». Le résultat en a été l'établissement d'un consensus bien établi : les étrangers sont un problème pour notre société… Consensus d'autant plus facile à installer qu'il flatte un instinct humain universel ! Le fond idéologique de l'extrême droite a ainsi été progressivement consacré et admis comme la base juste d'une politique « responsable », d'où qu'elle provienne. Rappelons par ailleurs que les électeurs du Front national ne sont pas majoritairement issus de régions et milieux en confrontation directe avec la présence des étrangers.

Le système s'autoalimente d'autant plus que le « problème » désigné n'a pas non plus de solution et ne sera jamais réglé, sauf à considérer que la haine, l'exclusion, le rejet et l'enfermement dans une forteresse en constituent une. Le Front national progresse parce que les promesses de ces politiques – éradiquer les migrations – ne peuvent être tenues et donnent l'impression d'un échec, sur lequel s'appuie le populisme pour accentuer son discours et attiser les rancœurs. Quand pouvons-nous espérer voir un homme ou une femme politique d'un grand parti de gouvernement oser dire : les migrations mondiales sont un fait inéluctable qui ne fera que croître, c'est normal, c'est ainsi que le monde change, nous devons y prendre notre part, anticipons les difficultés et, alors, nous trouverons des solutions. La chancelière allemande Angela Merkel a ébauché ce type de tournant dans le discours politique en septembre 2015. Ne rencontrant aucun soutien de la part de ses partenaires européens, elle s'est malheureusement arrêtée en route, et faisait partie, six mois plus tard, de ceux qui, dans un marchandage peu glorieux avec la Turquie, ont décidé de renvoyer les réfugiés dont l'Europe ne veut pas vers ce pays, au risque de saper les fondements mêmes du droit d'asile.

20. Que les migrants soient majoritairement arabes et musulmans ne pose-t-il pas un problème supplémentaire pour nos sociétés ?

Il est difficile de répondre à cela, sauf à reconnaître que la méfiance à l'encontre des populations arabes et musulmanes, particulièrement en France, a une influence énorme sur le débat public et sur les décisions politiques. Si l'on prend un instant le recul de l'Histoire, il faut rappeler que toute vague d'immigration suscite rejet et discriminations. En France, l'intégration des Italiens et des Polonais, au début du XXe siècle, s'est faite dans la douleur pour les premières générations ; même si, aujourd'hui, on aime à la décrire comme une idylle entre catholiques de la même « civilisation », de très grandes violences ont eu lieu et le racisme des petites différences a été féroce : tout catholiques qu'ils étaient, « ils n'étaient tout de même pas pareils », accusés d'être trop pratiquants, par exemple. Les autres vagues d'immigration du siècle dernier (Russes, Espagnols, Cambodgiens, etc.) n'ont pas toujours été accueillies sans réticences au départ. Il est également notoire que la colonisation et la guerre d'Algérie ont déterminé en France une perception exacerbée du musulman comme « ennemi », perception qu'on ne retrouve pas dans le fond historique d'autres pays d'Europe, comme l'Allemagne avec les Turcs ou le Royaume-Uni avec les Pakistanais. Quant aux pays de l'Est, qui n'ont aucune tradition ni coloniale ni d'immigration, ils voient arriver chez eux dans le même temps : des migrants issus des pays arabes (musulmans ou non), le terrorisme islamiste en Europe, les crises du Moyen-Orient, tout ceci déclenchant des réactions de rejet islamophobe particulièrement extrêmes par rapport au reste de l'Europe, habituée depuis longtemps, même avec des heurts, à la présence musulmane sur son sol.

Au demeurant, il est difficile d'affirmer que le critère « musulman » est déterminant dans l'obtention ou le refus de l'asile en France. Les Érythréens, par exemple, qui sont souvent des chrétiens orthodoxes, ne sont pas mieux accueillis que les Afghans ou les Kurdes. La fermeture aux migrants est un rejet bien plus général de l'étranger, qu'il faut bien appeler du racisme puisqu'il rejaillit sur les populations immigrées noires, arabes ou roms quelles que soient leur religion et leur nationalité.

21. L'arrivée des migrants en Europe n'augmente-t-elle pas le risque de terrorisme ?

La concomitance, en 2015, de la « crise migratoire », des attentats terroristes de janvier (à *Charlie Hebdo* et à l'Hyper Cacher) et de novembre (au Stade de France, au Bataclan et aux terrasses de café) à Paris, et des agressions de femmes dans la nuit du Nouvel An à Cologne, en Allemagne, a eu tôt fait d'être ressentie et commentée comme un rapport de cause à effet. Or, sur un million de migrants entrés illégalement en Europe (voir 19), on n'en aurait identifié au plus deux, entrés avec un faux passeport syrien, qui pourraient être impliqués dans les attentats de Paris. Quant aux agressions de Cologne, les éléments de l'enquête, affinée dans les mois qui ont suivi les faits, ne laissent pas apparaître de corrélation avec les arrivées récentes de réfugiés en Allemagne. N'oublions pas non plus que les migrants musulmans qui arrivent sont, pour la plupart, les premières victimes de ce terrorisme islamiste qui menace l'Europe. Nous vivons dans le même monde.

Le lien entre immigration et terrorisme est très ancien dans les textes qui fondent la politique commune de l'Union européenne en matière de sécurité. Dès le milieu des années 1980, la coopération policière entre États membres se préoccupait d'identifier les menaces et les moyens d'y résister en commun. Parmi ces menaces, le terrorisme, le grand banditisme, le trafic de stupéfiants, le trafic d'êtres humains et... l'immigration clandestine étaient systématiquement associés. Et ce même si, à l'époque, le terrorisme n'avait pas le visage islamiste qu'on lui connaît aujourd'hui (mais plutôt celui des Brigades rouges italiennes ou de la Fraction armée rouge allemande. Ce terreau idéologique influence toutes les politiques qui ont été menées depuis en matière d'immigration et d'asile, notamment après le 11 septembre 2001. L'Union européenne, qui était en train d'élaborer une politique commune dans les domaines de l'immigration et de l'asile, a décidé, au lendemain des attentats contre le World Trade Center de New York, de réviser sa copie à la lumière de la priorité qui s'imposait désormais : la lutte contre le terrorisme international. Terrorisme et immigration ne sont plus seulement des menaces associées mais amalgamées, alors même que les attentats de 2001 et ceux qui ont suivi sur le sol européen ont été commis par des ressortissants américains ou européens, ou des étrangers résidant légalement dans les pays où ils sont survenus.

Ajoutons, enfin, que les politiques étrangères des États-Unis et de l'Europe au Moyen-Orient et en Afrique depuis les années 2000 ne sont pas sans avoir une responsabilité, même si elles n'en sont pas le facteur explicatif unique, dans le chaos qui y règne aujourd'hui, qui a fait le terreau de Daech, en Syrie, d'Aqmi et de Boko Haram en Afrique, et précipite sur les routes des millions de réfugiés. Les conséquences de toutes ces politiques, à l'extérieur comme à l'intérieur de l'Europe, peuvent en tout cas être dangereuses pour les Européens : comment des Afghans ou des Irakiens n'auraient-ils pas des raisons de haïr les Occidentaux quand ils vivent sous leurs bombes et sans solution politique depuis dix ou quinze ans ?

22. Ne devrait-on pas plutôt les aider à rester chez eux ?

Cette proposition semble inspirée par la générosité, l'humanité, l'équité, tous les grands principes dont nous avons parlé. Elle s'incarne en réalité dans des politiques qui, elles aussi, méritent examen, au-delà de ce qui paraît au premier abord comme une « solution » emportant le consensus.

À titre d'exemple, l'engagement de consacrer annuellement l'équivalent de 0,7 % de leur PIB (produit intérieur brut) en faveur de l'aide publique au développement a été pris à l'ONU, au début des années 1980, par les principaux pays industrialisés. Ces promesses n'ont quasiment jamais été tenues. Selon l'OCDE (Organisation de coopération et de développement économiques), la France n'atteignait, en 2014, que 0,36 % de son PIB, pour un montant en baisse de 9 % par rapport à l'année précédente. Mais, surtout, ce que mettent en lumière les études de plusieurs grandes ONG qui les ont analysées sur plusieurs années, c'est que ces aides au développement sont de plus en plus articulées à la gestion des migrations et de l'asile. Concord, une confédération d'ONG pour l'aide humanitaire et le développement, montre que de nombreux pays incluent dans le montant de l'aide publique au développement (APD) les frais de prise en charge des réfugiés qui arrivent sur leur sol. Récemment, en 2015, la Suède a ouvertement assumé cette sorte de détournement, puisqu'elle a annoncé qu'elle retirait une partie de sa quote-part d'aide au développement pour la consacrer à l'accueil des migrants sur son propre territoire, considérant donc assez naturellement que c'était la même chose. D'une certaine manière, cela montre en creux que, de fait, l'idée selon laquelle le développement réduit les migrations est une idée fausse. De nombreux travaux montrent de façon récurrente qu'au contraire, le développement est un facteur d'incitation au départ et non un facteur de fixation. Tout simplement parce que quand les niveaux de vie augmentent, les taux d'alphabétisation et l'éducation aussi, et les populations ont davantage l'envie et les moyens d'aller voir ailleurs. Cela ne veut bien sûr pas dire qu'il ne faut plus financer l'aide au développement, mais qu'il est illusoire de le faire dans l'espoir un peu cynique de fixer les gens « chez eux ».

Il faut également souligner que l'argent investi par les États européens pour le développement revient souvent au bénéfice des entreprises européennes impliquées dans la réalisation des grosses infrastructures dans les pays concernés. Ce fut longtemps le cas dans le cadre des accords bilatéraux entre l'Italie et la Libye, et ce mécanisme de « retour sur investissement » n'est pas isolé. L'argent circule, mais entre soi ! Si l'on y ajoute les détournements mafieux, les régimes corrompus, une bonne partie de l'aide bénéficie fort peu directement à l'amélioration des conditions de vie des habitants. Le total des « remises » (ainsi appelle-t-on l'argent envoyé par les migrants à leurs familles restées au pays) – plus de 600 milliards de dollars en 2015, selon la Banque mondiale – est largement supérieur, presque du simple au triple, à toute l'aide au développement de l'ensemble des pays industrialisés.

Revenons à ce « rester chez eux ». N'est-ce pas aussi une manière de dire : « Surtout pas chez moi » ? On ne leur souhaite pas de mal mais on voudrait bien être débarrassés de ces gêneurs. Autrement dit, c'est une vision autocentrée de ce qui est bon et bien. Car dans le « chez eux », on oublie que, justement, il n'existe plus pour eux comme « chez soi » puisqu'ils ont été obligés d'en partir. Être bien chez soi est un objectif humain, certainement partagé par tous, mais ce qui fait le « être bien chez soi » est précisément de pouvoir y être ou pas, d'avoir le choix d'en partir quand on veut et d'y revenir. Derrière l'idée d'aider les gens à rester chez eux, il n'y a pas tant le souhait qu'ils *puissent* y rester mais qu'ils *doivent* y rester. Ce qui est une autre forme d'assignation à résidence. Plutôt qu'un monde du « chacun chez soi », mieux vaudrait rêver d'un monde du « chacun une place ».

23. La réponse humanitaire, l'appel à l'hospitalité ou au respect des droits humains sont-ils réalistes ?

L'action humanitaire est nécessaire dans un système qui dysfonctionne. C'est, d'ailleurs, la raison principale de son existence. On ne peut rejeter ce palliatif, mais on ne peut pas non plus s'en contenter ; la gestion humanitaire de la crise, qu'elle soit bien ou mal faite, laisse insatisfaits tant les partisans de la fermeture que de l'ouverture des frontières.

Pour autant, la réponse humanitaire est-elle efficace et « réaliste » ? Oui, si l'on entend par réaliste sa version pragmatique : « Il faut bien faire quelque chose » pour sortir les gens d'une situation indécente ou invivable. De ce point de vue, il n'est pas d'autre solution que celle-ci, et heureusement qu'elle existe, surtout et depuis de longues années grâce à l'action des associations d'aide aux migrants et à de multiples gestes d'hospitalité très concrets venant de centaines de citoyens anonymes. Mais quand cette réponse humanitaire vient de l'État, elle est aussi, comme nous l'avons dit à propos des camps de réfugiés en France (voir 11), l'aveu d'un échec total à prendre en compte une autre réalité, celle des migrations mondiales. Ce sont des politiques volontairement aveugles à cette réalité-là qui conduisent à laisser vivre au XXIe siècle des personnes dans la boue en France, ou entassées dans le dénuement aux frontières de l'Europe. Autant l'action humanitaire peut se justifier face à une crise imprévisible, autant elle est un constat d'impuissance face à un phénomène prévisible et évitable.

L'appel au respect des droits humains ouvre un autre aspect de la question, celui de la force morale des principes universels pour inspirer une bonne politique ou en contester une mauvaise. Pourquoi cette force semble-t-elle pervertie aujourd'hui ? Rappelons que l'humanité est au cœur de la Déclaration universelle des droits de l'homme de 1948, qui correspond à une période de l'Histoire, occidentale en particulier. C'est sur le souvenir des barbaries de la Seconde Guerre mondiale que s'est construit le projet de reconnaître des droits à tous les humains, des droits fondamentaux, à l'alimentation, au logement, à un travail, à la circulation libre, le droit à la vie, de ne pas être torturé, persécuté. Or ce projet ne s'est pas traduit dans les faits. Dans tous ces domaines, et dans la plupart des régions du monde, ces droits sont quotidiennement bafoués. Les principes issus de la Déclaration universelle ne sont plus invoqués que pour en pallier le non-respect. Par un mécanisme pervers, ils servent à colmater les brèches ouvertes par l'incurie des décideurs et mobilisent les énergies dans des actions, évidemment utiles, mais très marginales et dérisoires. Du coup, ces principes peuvent avoir la fonction, sans qu'il s'agisse d'une stratégie concertée, de détourner du politique. Pour le dire plus brutalement, apporter une aide humanitaire aux personnes qui se trouvent dans le camp de Grande-Synthe au nord de la France ou dans les *hotspots* en Grèce empêche de réfléchir à ce qu'il aurait fallu faire pour qu'elles n'y soient pas bloquées.

Au nom du réalisme, le discours sur les valeurs et les droits de l'homme est disqualifié et raillé comme la protestation des belles âmes, un angélisme naïf, dès lors qu'il tente de dessiner d'autres choix politiques. Tentons alors d'argumenter ces choix. S'il faut être « réaliste », on ne peut que constater le chaos que produisent les solutions apportées dans le but, si ce n'est de l'« immigration zéro », du moins du renoncement à la liberté de circuler. S'il faut être « réaliste », ne doit-on pas craindre le monde que l'on est en train de créer, un monde à deux vitesses, avec ceux qui vivent dans la forteresse et les autres, laissés à l'abandon à ses portes, scénario qui aurait pu être celui d'une œuvre de science-fiction effrayante autrefois et qui devient réalité ? Au-delà du poids moral, et s'il faut être cynique pour convaincre et dire qu'on ne peut pas « accueillir toute la misère du monde », quelles rancœurs, quelles colères va-t-on produire et laisser aux générations futures ? Avec quelles conséquences pour notre vie commune sur cette planète ?

De façon pragmatique, ne pourrait-on pas tenter d'autres solutions, construites sur d'autres objectifs, donc sur une autre vision de la réalité ? Il n'y a, face aux migrations actuelles, aucun exemple de « bonne » gestion de la fermeture des frontières… Sauf peut-être en Australie, pays d'immigration s'il en est, ancienne colonie pénitentiaire britannique, peuplée à partir de la Seconde Guerre mondiale par l'immigration européenne, notamment issue du Commonwealth. Du point de vue de l'efficacité, on peut considérer que les Australiens ont relativement bien réussi : après avoir mis en œuvre dès 2001 ce qu'on a appelé la *Pacific Solution* contre l'immigration clandestine, ils ont presque réussi à interdire leur sol aux demandeurs d'asile ; il n'y a pas de morts en mer parce que les *boat people,* interceptés par l'armée, n'atteignent plus les côtes, et sont enfermés dans des camps sur les îles de Nauru et Manus (Papouasie-Nouvelle-Guinée). Et, pour éviter d'avoir à accueillir ceux qu'elle reconnaît comme réfugiés, l'Australie en sous-traite la gestion au Cambodge. Rappelé à l'ordre, à plusieurs reprises, par le HCR* pour ces violations manifestes du droit d'asile, le gouvernement australien n'en a cure. Après tout, aller vers une « solution pacifique » en tente plus d'un en Europe aujourd'hui, les Anglais au premier chef.

En Europe, on prétend encore respecter le droit international qu'on tente de rendre compatible avec des pratiques qui le violent – mais pas ouvertement. De cette tension naît une alternative cruciale : soit considérer les valeurs et droits humains comme nuls et non avenus, ce qui est une décision grave et non sans conséquences, soit les reconnaître. Mais il paraît alors difficile de continuer à défendre un système fondé sur la gestion autoritaire de la mobilité, qui exclut, fabrique du racisme et, à terme, pourrait conduire à un apartheid généralisé. Il vaut la peine de réfléchir à ces chiffres : un Danois ou un Britannique peut entrer librement dans cent soixante-quatre pays ; un Russe dans quatre-vingt-quatorze ; les ressortissants de la plupart des pays africains ne peuvent se déplacer sans visa que dans quatre ou cinq pays seulement...

Il ne s'agit pas d'assurer que la solution à tous les problèmes passe par la liberté de circulation des personnes mais, face à ce choix fondamental, de préférer l'incertitude de ce que créera cette liberté d'aller et venir plutôt que l'ordre artificiel de la fermeture autoritaire. Au stade où nous en sommes, on peut considérer qu'il est plus commode de laisser tomber les principes, et c'est ce que nombre de discours nous encouragent à faire. Mais, malgré ce qu'en laissent parfois penser les urnes, on peut penser qu'encore une grande partie de la population ne veut pas franchir ce seuil.

Glossaire

Bureau européen d'asile (BEA) : le Bureau européen d'appui en matière d'asile (EASO en anglais) est une agence de l'Union européenne, qui fonctionne depuis 2011 pour renforcer la coopération des États membres en matière d'asile. Parmi ses missions, le BEA collecte les informations utiles pour identifier les risques d'afflux massif de demandeurs d'asile et les capacités de réaction des États concernés, et coordonne l'aide d'urgence octroyée aux États membres dont les installations d'accueil et les régimes d'asile sont soumis à des pressions exceptionnellement fortes. Des agents du BEA sont présents dans les *hotspots*.

Convention de Genève relative au statut des réfugiés : conclue en 1951, cette convention constitue le document clef dans la définition du réfugié, de ses droits et des obligations légales des États l'ayant ratifiée. Elle prévoit, en outre, que l'entrée irrégulière sur le territoire d'un État qui en est signataire d'une personne qui demande protection ne peut lui être opposée, et qu'on ne peut refouler à la frontière une personne susceptible de se voir reconnaître cette protection.

Dublin III : règlement européen qui instaure un mécanisme de détermination du pays de l'Union européenne désigné comme « responsable » du traitement d'une demande d'asile, quel que soit l'État membre où elle est déposée. Un des principaux critères de détermination est le premier pays d'entrée sur le territoire de l'Union européenne. Ce mécanisme fait *de facto* peser une très grande partie de la charge de la demande d'asile sur les pays qui forment la frontière extérieure de l'Union européenne, notamment au sud de l'Europe.

Eurosur : système européen de surveillance des frontières mis en place en 2013, qui vise à coordonner les activités des États membres aux frontières terrestres, maritimes et parfois aériennes (gardes-frontières, gardes-côtes, services de police, autorités douanières, marines), ainsi qu'à l'agence Frontex, par l'échange d'informations opérationnelles.

Eurostat : service dépendant de la Commission européenne, Eurostat est chargée de fournir de l'information statistique à l'échelle de l'Union européenne.

Frontex : créée en 2004, Frontex, agence européenne pour la gestion de la coopération opérationnelle aux frontières extérieures des États membres de l'Union européenne, coordonne les initiatives des États membres pour la régulation et la surveillance de leurs frontières. Parmi ses missions, les opérations conjointes aux frontières extérieures aériennes, maritimes et terrestres de l'Union européenne, l'analyse de risque – pour mieux connaître et anticiper la situation migratoire aux frontières – et l'organisation de vols groupés pour le retour des expulsés. Depuis 2015, Frontex est présente dans les *hotspots*.

Hotspots : dispositif instauré en 2015 par l'Union européenne pour faire face à ce qui a été nommé la « crise migratoire ». Il est destiné à organiser le tri entre les migrants éligibles à une protection en référence à la Convention de Genève (donc appelés à être réfugiés), et ceux qui ne le sont pas, et doivent par conséquent être expulsés du territoire européen. Les *hotspots* ont été installés dans les deux principaux pays d'arrivée de migrants par la Méditerranée, l'Italie et la Grèce.

Haut Commissariat des Nations unies pour les réfugiés, UNHCR *(ou HCR) (United Nations High Commissioner for Refugees)* : agence onusienne créée en 1950 pour protéger les réfugiés, trouver une solution à leurs problèmes et veiller à l'application de la Convention de Genève sur les réfugiés de 1951.

Jungle : on désigne par « jungle » – mot inspiré par le terme jangal en pachtoun, qui signifie forêt – les camps informels dans lesquels se regroupent les migrants depuis la fin des années 1990 dans le nord-est de la France en attendant de pouvoir franchir la Manche pour pénétrer au Royaume-Uni.

OFPRA (Office français de protection des réfugiés et des apatrides) : organisme chargé de recevoir les demandes et d'accorder ou non l'asile en France.

Organisation internationale pour les migrations (OIM) : agence intergouvernementale (mais non onusienne), regroupant 157 États, dont la mission est de « renforcer la gestion humaine et ordonnée des migrations ». Aux côtés du HCR, elle intervient à l'appui des États pour gérer la migration au niveau mondial.

Quotas ou relocalisation : dans l'Union européenne, la relocalisation (*relocation* en anglais) consiste à transférer des demandeurs d'asile ou des réfugiés d'un État membre à un autre. Un programme de relocalisation a été mis en place en septembre 2015 pour faire face à ce qui a été nommé la « crise migratoire », afin de « soulager » la Grèce et l'Italie, principaux pays concernés par l'arrivée de migrants aux frontières de l'Union européenne, sur la base d'une répartition des personnes éligibles au statut de réfugié entre les autres pays européens. Ce programme, initialement appelé répartition sur quotas, repose notamment sur le tri effectué dans les *hotspots*.

Schengen : issu d'un accord signé en 1985 et d'une convention signée en 1990, l'espace Schengen, désormais intégré au droit de l'Union européenne, rassemble 26 États européens (tous les membres de l'Union européenne à l'exception de l'Irlande et du Royaume-Uni, auxquels s'ajoutent quatre pays non membres). Il repose sur la suppression des contrôles aux frontières intérieures et permet aux citoyens européens ainsi qu'aux ressortissants non européens autorisés de circuler librement entre les différents pays qui le composent. En contrepartie, ces pays coopèrent pour assurer la surveillance des frontières extérieures de l'espace Schengen, notamment, depuis 2004, par le biais de l'agence Frontex.

Composition Facompo, Lisieux (Calvados).
Achevé d'imprimer sur les presses de
La Nouvelle Imprimerie Laballery à Clamecy (Nièvre).
Dépôt légal du 1er tirage : mai 2016
Suite du 1er tirage (5) : avril 2018
Numéro d'impression : 804064

Imprimé en France